P.22
강 등에 머무는 진귀한 새 **큰고니**

예로부터 사랑받은 아름다움 **원앙**

P.51
독특한 울음소리 **두견**

P.54
한정된 지역의 텃새 **흑비둘기**

M!OVE 알아보자!
천연기념물로 보호하는 새

우리나라는 다양한 자연물 중 역사적, 문화적, 과학적, 학술적 가치가 있는 것을 문화재로 지정해 보호하고 있어요. 이를 '천연기념물'이라고 합니다. 새 중에서도 천연기념물로 지정된 종이 많이 있어요. 여기서는 그중에서도 눈에 띄는 천연기념물 새를 소개할게요. 더 많은 정보는 본편에서 즐겨 주세요.

P.113
꾸준히 복원하고 있는 새 **따오기**

P.138
보호받는 맹금류 **수리부엉이**

P.164
일곱 빛깔 깃털을 지닌 **팔색조**

감수 가와카미 가즈토
삼림종합연구소
조수생태연구실장

움직이는 도감
MOVE
새

차례

움직이는 도감 MOVE 새

- 이 책의 사용법 ······················ 4
- 조류란? ······························ 6
- 공룡에서 새로 ······················ 10
- 새의 분류 ···························· 12
- 가와카미 박사의 특별 리포트
  니시노섬의 생태계는 바닷새가 만든다?! ··· 218
- 색인 ································· 220

타조목
- 타조과 ······························ 14

레아목
- 레아과 ······························ 15

키위목
- 키위과 ······························ 16

화식조목
- 화식조과 ···························· 17

도요타조목
- 도요타조과 ························· 19

기러기목
- 오리과(기러기류) ·················· 20
- 오리과(고니류) ····················· 22
- 오리과(오리류) ····················· 24

닭목
- 무덤새과 ···························· 32
- 꿩과(뇌조류) ························ 34
- 꿩과(꿩류) ·························· 36

쏙독새목
- 쏙독새과 ···························· 40

기름쏙독새목
- 기름쏙독새과 ······················ 41

포투목
- 포투과 ······························ 41

넓은부리쏙독새목
- 넓은부리쏙독새과 ················· 42

부엉이쏙독새목
- 부엉이쏙독새과 ··················· 42

칼새목
- 칼새과 ······························ 43
- 벌새과 ······························ 44

부채머리목
- 부채머리과 ························· 45

느시목
- 느시과 ······························ 46

두견목
- 두견과 ······························ 50

메사이트목
- 메사이트과 ························· 52

사막꿩목
- 사막꿩과 ···························· 52

비둘기목
- 비둘기과 ···························· 54

두루미목
- 뜸부기과 ···························· 56
- 나팔새과 ···························· 57
- 두루미과 ···························· 58

논병아리목
- 논병아리과 ························· 60

홍학목
- 홍학과 ······························ 62

도요목
- 세가락메추라기과 ················· 64
- 돌물떼새과 ························· 64
- 검은머리물떼새과 ················· 65
- 장다리물떼새과 ··················· 65
- 물떼새과 ···························· 66
- 호사도요과 ························· 68
- 물꿩과 ······························ 69
- 도요과 ······························ 70
- 제비물떼새과 ······················ 75
- 갈매기과(제비갈매기류) ·········· 78
- 갈매기과(갈매기류) ··············· 80
- 도둑갈매기과 ······················ 82
- 바다오리과 ························· 83

뱀눈새목
- 카구과 ······························ 86
- 뱀눈새과 ···························· 86

열대새목
- 열대새과 ···························· 87

아비목
- 아비과 ······························ 88

펭귄목
- 펭귄과 ······························ 90

슴새목
- 알바트로스과 ······················ 96
- 바다제비과 ························· 98
- 남부바다제비과 ··················· 99

슴새과 ·················· 100

황새목
황새과 ·················· 104

가다랭이잡이목
군함조과 ················ 106
가다랭이잡이과 ··········· 106
뱀목가마우지과 ··········· 108
가마우지과 ··············· 109

사다새목
저어새과 ················ 112
왜가리과 ················ 114
망치머리황새과 ··········· 118
넓적부리황새과 ··········· 119
사다새과 ················ 120

호아친목
호아친과 ················ 122

수리목
콘도르과 ················ 124
뱀잡이수리과 ············· 125
물수리과 ················ 125
수리과 ·················· 126

올빼미목
가면올빼미과 ············· 136
올빼미과 ················ 137

쥐새목
쥐새과 ·················· 140

뻐꾸기파랑새목
뻐꾸기파랑새과 ··········· 140

비단날개새목
비단날개새과 ············· 141

코뿔새목
후투티과 ················ 142
땅코뿔새과 ··············· 142
코뿔새과 ················ 143

파랑새목
파랑새과 ················ 144
물총새과 ················ 145
벌잡이새과 ··············· 147

딱따구리목
왕부리새과 ··············· 150
벌꿀길잡이새과 ··········· 151
딱따구리과 ··············· 152

느시사촌목
느시사촌과 ··············· 155

매목
매과 ···················· 156

앵무목
뉴질랜드앵무과 ··········· 160
관앵무과 ················ 160
앵무과 ·················· 162
목도리앵무과 ············· 163

참새목
팔색조과 ················ 164
무희새과 ················ 164
거문고새과 ··············· 165
바우어새과 ··············· 166
큰부리때까치과 ··········· 167
할미새사촌과 ············· 167
때까치과 ················ 168
바람까마귀과 ············· 169
긴꼬리딱새과 ············· 169
때까치딱새과 ············· 169
까마귀과 ················ 170
극락조과 ················ 176
여새과 ·················· 177
박새과 ·················· 178
스윈호오목눈이과 ········· 179
종다리과 ················ 180
직박구리과 ··············· 180
제비과 ·················· 181
휘파람새과 ··············· 182
오목눈이과 ··············· 183
솔새과 ·················· 184
개개비과 ················ 185
섬개개비과 ··············· 186
개개비사촌과 ············· 187

동박새과 ················ 187
상사조과 ················ 188
상모솔새과 ··············· 188
굴뚝새과 ················ 189
동고비과 ················ 190
나무발바리과 ············· 190
찌르레기과 ··············· 191
지빠귀과 ················ 194
솔딱새과 ················ 196
물까마귀과 ··············· 200
참새과 ·················· 201
베짜는새과 ··············· 203
바위종다리과 ············· 205
할미새과 ················ 206
되새과 ·················· 208
긴발톱멧새과 ············· 211
멧새과 ·················· 212

가와카미 박사의 심층 칼럼
❶ 새의 몸 구조 ··········· 30
❷ 깃털의 비밀 ············ 38
❸ 새의 감각 기관 ········· 48
❹ 새의 알 ················ 76
❺ 새의 무기 ·············· 85
❻ 새의 무리 ·············· 94
❼ 새의 이동 ············· 102
❽ 디스플레이 ············ 110
❾ 사람을 이용하는 새 ···· 123
❿ 분류의 구조 ··········· 134
⓫ 비기 공개 도구를 사용하는 새 ···· 148
⓬ 새와 감염증 ··········· 158
⓭ 생태계 속의 새 ········ 174
⓮ 외국에서 일본으로 간 새 ···· 192
⓯ 멸종한 새 ············· 214

이 책의 사용법

이 책에서는 전 세계에서 모은 약 560종의 새를 소개해요. 이 도감을 이용해서 흥미로운 새들을 발견해 봐요.

목과 과

계통이 가까운 새의 집단을 '과(科)'라고 해요. 계통이 가까운 과의 집단은 '목(目)'이라고 하죠. 타조의 경우 두루미목 두루미과에 속해요. 새의 분류법에는 여러 의견이 있지만, 이 책에서는 일본조류학회가 2023년에 발표한 '일본조류목록 개정 제8판'의 리스트 및 국제조류학회의(IOC)의 분류를 바탕으로 해요.

표시 보는 법

🇰🇷 ······ 우리나라에서 볼 수 있는 새를 표시했어요.

가와카미 박사의 포인트!

감수자 가와카미 가즈토 선생님이 주목할 포인트를 알려 줍니다.
이 부분을 읽고 새에 관한 해설을 읽으면 두 배로 재미있어요.

종명

예를 들면 '두루미', '검은목두루미'와 같은 생물의 이름을 '종'이라고 해요. 여기서는 주로 우리나라에서 자주 쓰이는 이름을 실었어요. 같은 종이지만 다른 장소에 서식하여 다른 특징을 지닌 경우는 '아종'이라고 해요.

짤막 지식

해당 페이지에 실린 새에 관해 더 자세히 알 수 있어요.

미니 칼럼

해당 페이지에 등장한 새의 신기한 특징, 알면 도움이 되는 이야기 등이 실려 있어요.

사진

내용에 표기가 없는 경우는 기본적으로 수컷의 사진이에요.

정보를 보는 방법

■ : 몸길이
머리끝부터 꽁지깃 끝까지의 대략적인 길이를 나타내요. 보통 수컷의 길이를 실었어요.

■ : 먹이
주된 먹이를 실었어요. 일부만 실었어요.

■ : 분포
세계의 어느 지역에 서식하는지를 실었어요. 단, 장거리를 날아 이동하는 새나 서식하는 장소가 잘 알려지지 않은 새도 있으므로 대략 기재했어요.

이 책에 나오는 지역

새가 분포한 지역 이름이 어디를 가리키는지, 대략적인 지역은 아래의 지도를 참고하세요.
또한, 이 도감의 분포(■)는 자연 분포(그 생물이 자력으로 이동할 수 있는 범위에 따라 결정된 지역)를 게재하고 있어요.

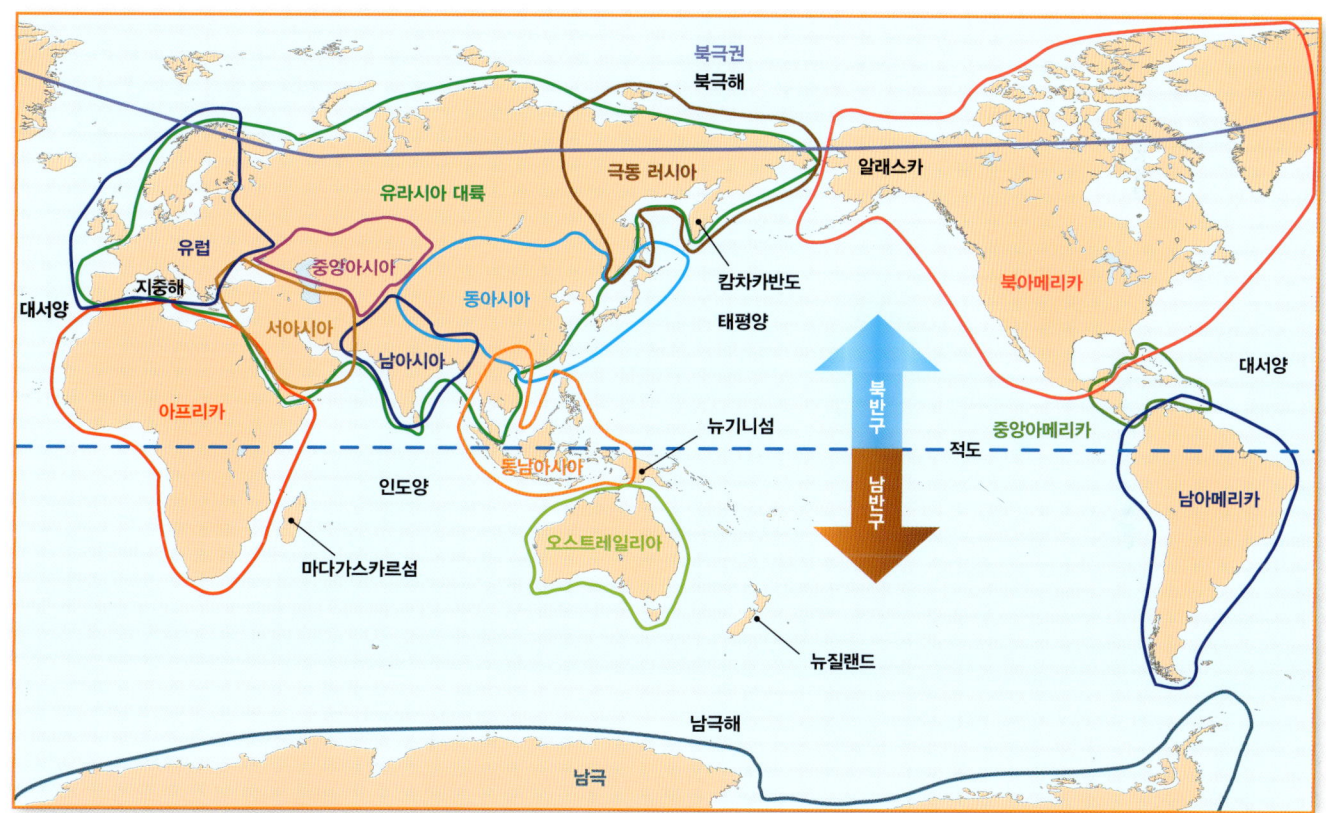

자주 나오는 용어

- **번식지**
알을 낳고 새끼를 기르는 장소예요.
➡ 자세한 건 102쪽에

- **월동지**
겨울을 보내는 장소예요.
➡ 자세한 건 102쪽에

- **이동**
새가 사는 장소를 옮기는 것을 말해요. 새끼를 기르는 장소와 겨울을 나는 장소를 바꾸기 위해 일어나요.
➡ 자세한 건 102쪽에

- **여름새**
봄에서 여름에 걸쳐, 알을 낳기 위해 우리나라를 찾는 새예요.
➡ 자세한 건 103쪽에

- **겨울새**
겨울을 나기 위해 우리나라를 찾는 새예요.
➡ 자세한 건 103쪽에

- **텃새**
이동하지 않고 계속 같은 장소에 서식하는 새예요.
➡ 자세한 건 103쪽에

- **나그네새**
이동 중에 우리나라에 머무는 새예요.
➡ 자세한 건 103쪽에

조류란?

당연한 말이지만, 조류의 가장 큰 특징은 하늘을 나는 능력이에요. 하늘을 나는 동물은 곤충, 박쥐 등 아주 많지만, 고속으로 장거리를 날 수 있는 건 새뿐이에요.

또 전신이 깃털로 덮여 있는 것도 새의 가장 큰 특징 중 하나예요. 현재 지구상에 서식하는 동물 중 깃털이 있는 건 새밖에 없죠.

깃털이 난 덕분에 추위와 더위로부터 몸을 보호하고, 하늘을 날 수 있게 됐어요.

그 밖에도 새는 여러 가지 비행에 적합한 몸 구조를 가졌으며, 어쨌든 하늘을 날기 위해 태어났다고 해도 무방할 정도예요.

조류는 다른 동물이 흉내 낼 수 없는 비행 능력과 우수한 성능을 지닌 깃털을 얻은 덕분에 덥고 건조한 사막, 극한의 북극과 남극, 육지에서 몇천 킬로미터 떨어진 해상, 높은 산 등 지구의 구석구석까지 서식하는 데 성공한 엄청난 동물이에요!

가와카미 가즈토(삼림종합연구소 조수생태연구실장)

흰꼬리수리 →131쪽

사냥의 달인

지구상의 만물을 먹는 새들. 괄목할 만한 기술을 이용해 먹잇감을 잡는 달인투성이예요.

물수리 →125쪽

북방가넷 →107쪽

쇠백로 →117쪽

민물가마우지 →109쪽

검은머리 물떼새 →65쪽

멋쟁이에 컬러풀!

새는 지구의 생물 중에서도 특히 컬러풀! 고운 몸 색깔에는 다양한 의미가 있으며, 동료끼리의 정보 교환 등에 쓰여요.

쿠바홍학 →63쪽

윌슨극락조 →177쪽

댕기바다오리 →84쪽

푸른발부비새 →106쪽

원앙 →26쪽

깜짝 놀랄 비주얼

지구의 온갖 환경에 진출한 새들. 몸을 깜짝 놀랄 만한 개성적인 비주얼로 진화시킨 개체가 많아요.

큰군함조 →107쪽

커먼포투 →41쪽

큰코뿔새 →143쪽

큰화식조 →17쪽

큰거문고새 →165쪽

공룡에서 새로

여러분, 새가 공룡에서 진화해 탄생한 건 알고 있나요? 공룡과 새의 겉모습은 별로 닮지 않았지만, 사실 다양한 공통점이 있어요. 예를 들면 둘 다 비늘로 덮인 피부를 지녔고, 골격에 차골(V 모양의 뼈)이 있다는 것 등이에요. 또 새에게만 있다고 여겨졌던 깃털이 중국에서 발굴된 공룡 화석에서 발견되었고, 이후에도 깃털 달린 공룡이 다수 발견되었어요. 이러한 사실로부터 현재 서식하는 새가 일부 공룡에서 진화했다는 것이 거의 확실시되고 있어요. 그럼, 어떻게 공룡에서 새로 진화했는지 알아볼까요?

공룡에서 새로 진화하는 그림

처음으로 하늘을 난 척추동물은 익룡이에요. 하지만 익룡은 새의 선조가 아니에요. 그 후, 공룡 일부가 진화해서 새가 탄생했다고 여겨져요. 6,600만 년 전에는 수많은 조류와 공룡이 멸종하고 말았어요. 하지만 일부가 살아남아 현재의 새로 진화했답니다.

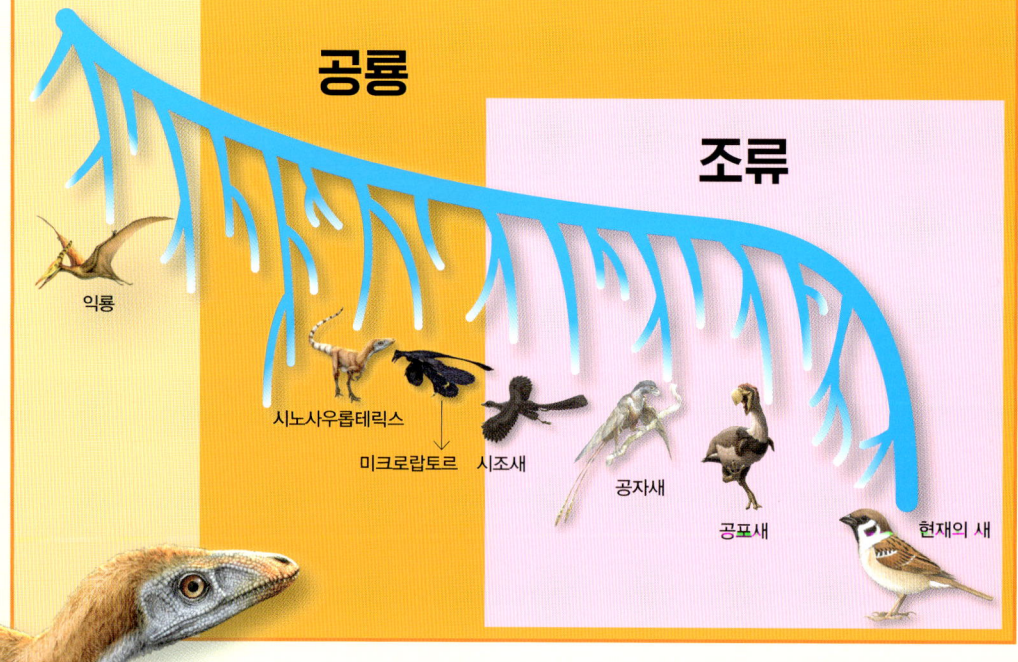

◀시노사우롭테릭스. 백악기(약 1억 4500만 년 전~6600만 년 전) 전기에 서식했어요.

하늘을 난 공룡

백악기 전기에 서식했던 공룡인 미크로랍토르는 하늘을 나는 공룡이에요. 미크로랍토르의 깃털은 현재의 칼깃과 비슷한 형태를 띠었으며, 하늘을 날기 위해 쓰였다고 여겨져요. 그 밖에도 다양한 깃털 공룡이 발견되어, 처음에는 털 같았던 깃털이 점차 현재의 새 깃털 형태로 진화해 왔다는 사실이 확인되었어요. 이렇게 날 수 있는 깃털을 얻은 공룡 중 일부가 현재의 새로 진화했다고 여겨져요.

깃털이 난 공룡이 있었다

1996년 중국에서 시노사우롭테릭스라는 깃털 난 공룡이 발견되었어요. 오랜 시간 동안 깃털은 새에게만 있었다고 여겨졌는데, 이 발견으로 공룡에게도 있다는 것을 알았죠. 이는 공룡이 새로 진화했다는 설의 큰 증거가 되었어요. 이후, 시노사우롭테릭스의 동류인 수각류에서 깃털을 지닌 공룡(깃털 공룡)이 차례차례 발견되고 있어요. 깃털은 날기 위해서뿐만 아니라, 체온을 일정하게 유지하거나 구애하는 장식으로도 쓰였다고 생각돼요.

▲미크로랍토르는 앞다리와 뒷다리 네 군데에 날개가 있으며, 나무 위에서부터 글라이더처럼 날았다고 여겨져요.

원시적인 새

쥐라기(약 2억 140만 년 전부터 1억 4500만 년 전) 후기에는 이미 새가 있었어요. 독일에서 발견된 시조새는 공룡에서 진화한 최초의 조류예요. 부리에 이빨이 있고 날개엔 발톱이 있으며, 꼬리에 뼈가 있는 등 아직 공룡의 특징이 남아 있죠. 또 백악기 전기에 존재한 원시적인 새인 공자새는 부리에 이빨이 없고, 꼬리에 뼈가 없는 등 현재의 새와 가까운 특징을 지녔어요. 하지만 이들 새는 오늘날 서식하는 새의 직접적인 조상은 아니에요.

▲시조새는 최근 연구에 의하면 하늘을 날 수 있었을지도 모른다고 해요. 하지만 뼈의 형태로 보아 날개 치는 것은 특기가 아니고, 주로 활공했을 것으로 추측돼요.

공자새는 날개를 펼치면 70cm 정도의 크기이며, 날개에 발톱이 나 있어요.

▲공포새에 속하는 켈렌켄(공포새과).

멸종한 공포새

공룡이 멸종한 이후, 조류는 크게 번성해 수많은 종이 탄생했어요. 예를 들면 공포새라고 불리는 종은 마치 멸종한 육식 공룡처럼 포유류를 잡아먹고 생태계의 정점에 군림했죠. 하지만 이들도 결국 멸종했어요. 이후에도 지구 환경의 변화에 따라 다양한 새들이 나타나거나 사라지면서 현재의 새로 진화한 거예요.

새의 분류

현재 세계에는 약 1만 900종의 새가 있다고 해요. 이러한 새들을 종류나 친척별로 구분하는 것을 '분류'라고 해요. 하지만 이는 매우 어려운 작업이에요. 연구자들은 여태 다양한 방법으로 생물의 분류에 도전해 왔어요. 그리고 지금도 도전하는 중이죠. 그래서 늘 분류가 바뀌는 거예요.

이전의 분류 2008년

Hackett 등의 계통수(2008)를 바탕으로 제작되었어요. 주요 목을 포함한 169종의 유전자를 조사하여, 조류 전체의 친척 관계의 개요가 드러났어요.

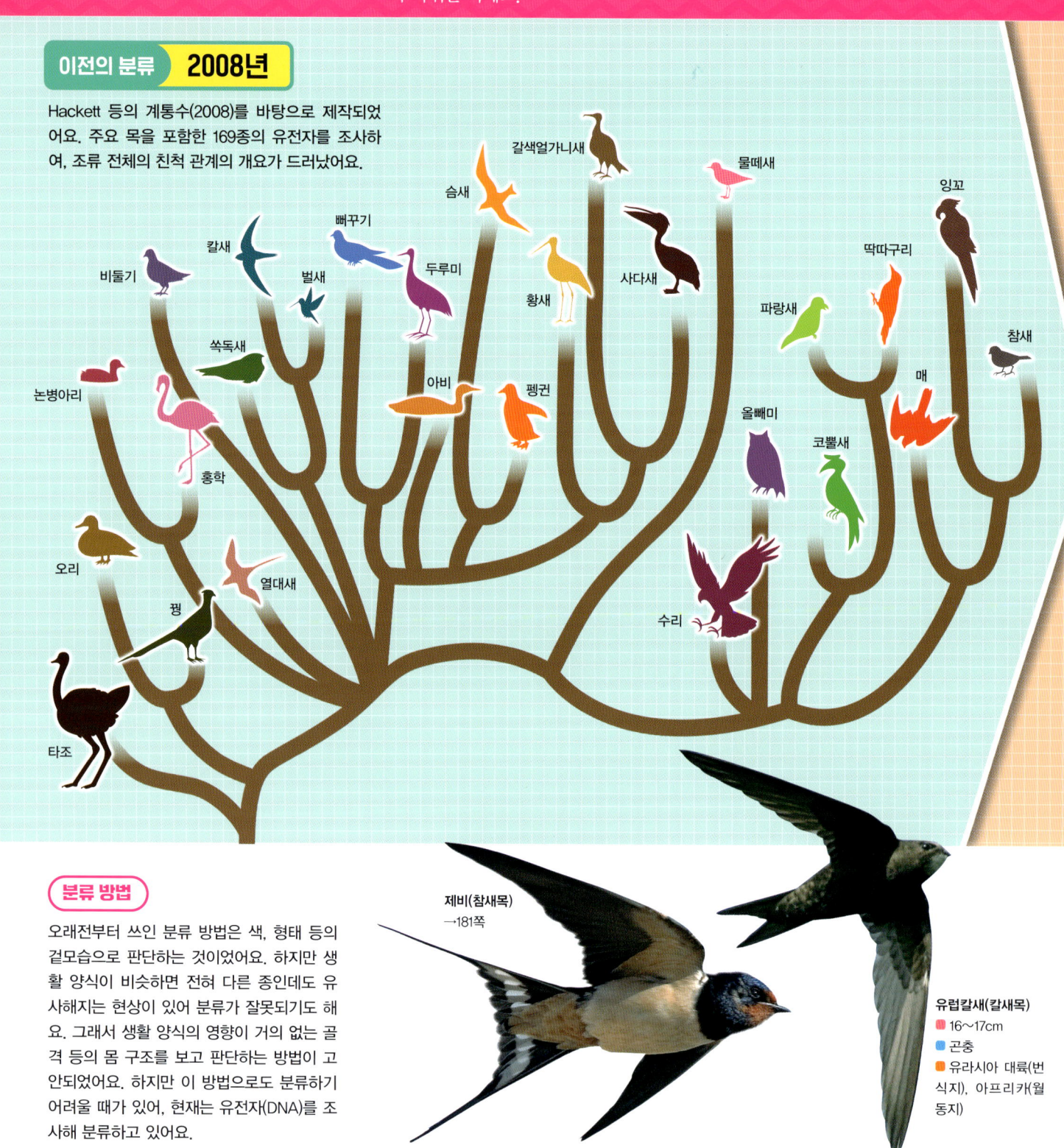

분류 방법

오래전부터 쓰인 분류 방법은 색, 형태 등의 겉모습으로 판단하는 것이었어요. 하지만 생활 양식이 비슷하면 전혀 다른 종인데도 유사해지는 현상이 있어 분류가 잘못되기도 해요. 그래서 생활 양식의 영향이 거의 없는 골격 등의 몸 구조를 보고 판단하는 방법이 고안되었어요. 하지만 이 방법으로도 분류하기 어려울 때가 있어, 현재는 유전자(DNA)를 조사해 분류하고 있어요.

제비(참새목)
→181쪽

유럽칼새(칼새목)
- 16~17cm
- 곤충
- 유라시아 대륙(번식지), 아프리카(월동지)

▲제비와 유럽칼새는 가늘고 긴 날개, V자 모양 꽁지깃 등이 매우 닮았어요. 하지만 제비와 유럽칼새는 전혀 다른 종이죠. 둘 다 하늘을 날기에 적합한 몸 구조가 되었기에 생김새가 비슷한 거예요.

■ 몸길이 ■ 먹이 ■ 분포

| 계통수 보는 방법 | 새를 친척별로 묶어서, 나무처럼 그린 그림을 '계통수'라고 해요. 왼쪽에서 오른쪽으로 나아갈수록 새롭게 분기된 것을 보여 주고 있어요. 선의 길이가 진화한 정도를 나타내지는 않아요. |

최근 분류 — 2015년

Prum 등의 계통수(2015)를 바탕으로 제작되었어요. 조류 40목 198종을 조사하여, 더 넓고 자세한 친척 관계가 드러났어요.

(계통수 그림: 타조, 오리, 꿩, 쏙독새, 칼새, 벌새, 비둘기, 뻐꾸기, 홍학, 논병아리, 두루미, 물떼새, 열대새, 아비, 펭귄, 슴새, 황새, 갈색얼가니새, 사다새, 수리, 올빼미, 코뿔새, 파랑새, 딱따구리, 잉꼬, 매, 참새)

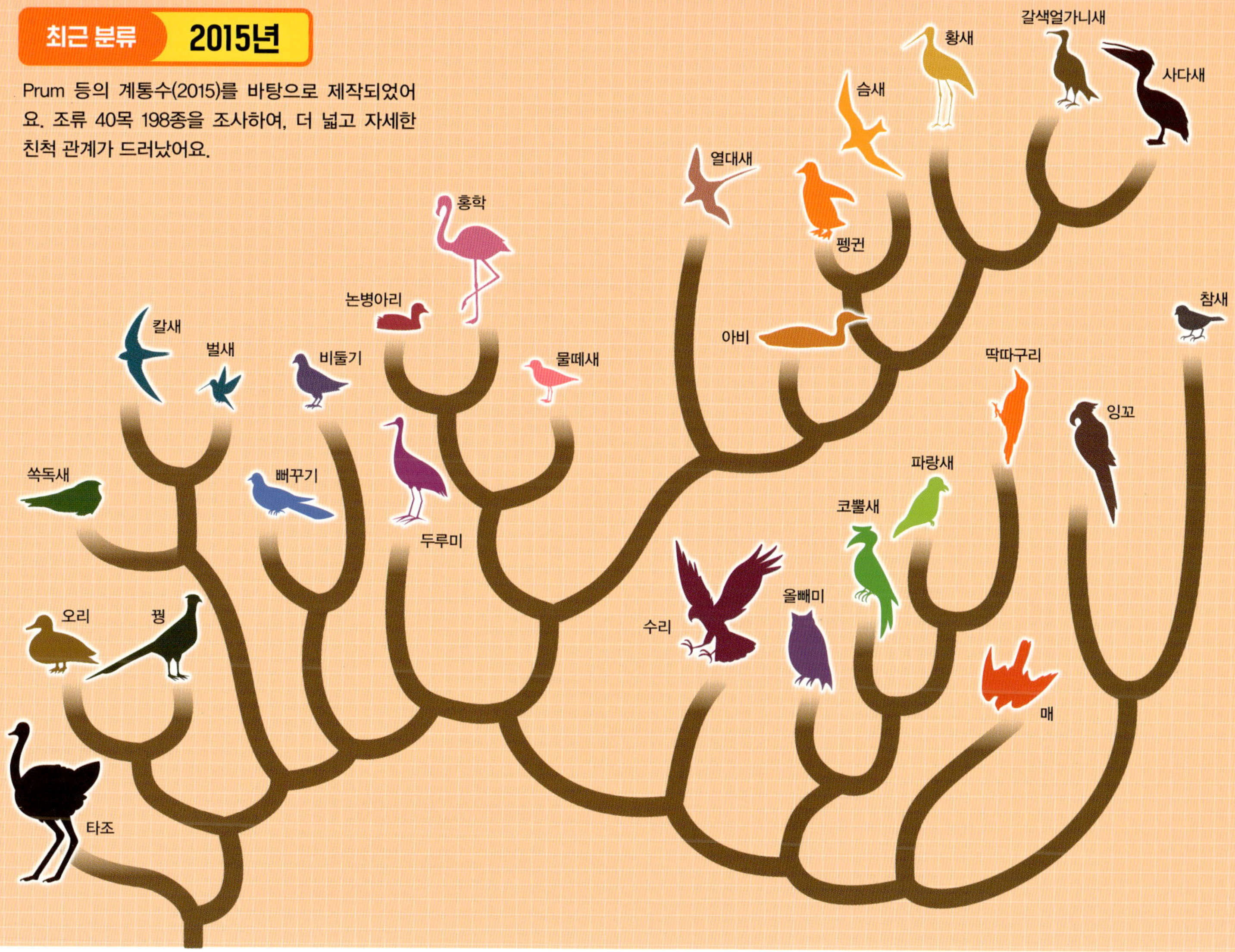

분류는 바뀐다

유전자 정보로 분류하게 되어도 분류는 해마다 변화하고 있어요. 기술의 진보 덕에 더 많은 종의 유전자 정보(게놈)를 전부 알아낼 수 있게 되었기 때문이에요. 2020년에 발표된 논문에서는 363종의 게놈을 해석하여, 더 자세히 친척 관계가 드러났어요. 단 여기에서는 일반적으로 잘 알려진 Prum 계통수를 최근 분류로 소개했어요.

▶ 매(왼쪽)와 케아앵무(오른쪽). 유전자 분류를 통해 가까운 친척임이 판명됐어요.

타조과

타조목

타조목 타조과 / 레아목 레아과

가와카미 박사의 포인트!

새들의 제왕, 타조! 몸길이 2m 75cm, 몸무게 150kg으로 조류 중 최대예요. 알도 가장 크고 무겁죠. 그리고 두 개의 발가락으로 최고 시속 70km로 달릴 수 있어요. 발가락이 두 개인 새는 타조밖에 없어요. 또 다른 특징은 안구의 크기예요. 지름이 약 5cm에 달하죠. 조류뿐만 아니라 육상 생물 중에 가장 큰 크기예요.

▲암컷은 갈색이며 하얀 깃털이 없어요.

타조

아프리카의 건조한 초원에 서식해요. 수컷의 깃털은 검은색, 암컷은 갈색이에요. 수컷이 몸이 더 커요. ■ 수컷 210~275cm, 암컷 175~190cm
■ 식물의 잎과 씨 ■ 아프리카 사하라 사막에서 남부

타조의 이런 점이 대단해!

달걀

타조의 알

❶ 거대한 알
조류 중에 가장 큰 알. 길이가 약 18cm에 달해요.

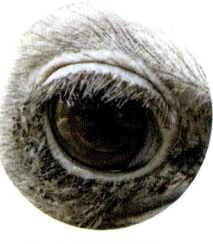

❷ 조류 유일! 발가락이 두 개
새의 발가락은 보통 네 개예요. 두 개의 발가락이 속도의 비밀이에요.

❸ 거대한 안구
안구 지름이 약 5cm나 돼요. 육상 생물 중 최대예요.

소말리아타조

한때 타조의 아종으로 취급되었지만, 2014년에 별종으로 분류됐어요. 수컷의 목이 청회색인 게 특징이에요.
■ 수컷 210~275cm, 암컷 175~190cm
■ 식물의 잎과 씨 ■ 소말리아, 케냐

■ 몸길이 ■ 먹이 ■ 분포 🇰🇷 한국에서 볼 수 있음

레아목
레아과

🔶 **가와카미 박사의 포인트!**

레아는 커다란 날개를 지녔지만 날지 못해요. 하지만 날개를 적을 때리는 무기로 이용하는 점은 멋있어요! 목과 다리가 길고 타조와 닮았지만, 조금 작아요. 머리와 목에도 깃털이 자라 있는 점, 발가락이 세 개인 점도 타조와는 달라요.

레아
남아메리카의 건조한 초원에 최대 50마리의 무리를 이루고 서식해요. 물을 거의 마시지 않고도 살아갈 수 있어요.
- 🟥 127~140cm
- 🟦 식물의 잎과 씨, 곤충
- 🟧 남아메리카

다윈레아
레아보다도 몸이 작아요. 표고 2,000m 이상의 고원에서 살아요. 🟥 92~100cm
- 🟦 식물의 잎과 씨, 곤충 🟧 남아메리카 남부

◀ 흙에 남은 레아의 발자국. 타조와 달리 발가락이 세 개예요.

수컷끼리 싸우는 레아. 날개로 상대를 때려요.

키위과

키위목

🔸 **가와카미 박사의 포인트!**

키위는 가장 특이한 새일지도 몰라요. 날개가 거의 없고 꽁지깃은 아예 없어요. 낮에는 수풀에 숨어 있다가 밤이 되면 숲속에서 먹이를 찾아요. 눈은 아주 작아서 잘 보이지 않지만, 후각이 굉장히 예민해요. 긴 부리 끝에 콧구멍이 뚫려 있어, 땅속에 숨어 있는 지렁이 등을 냄새로 찾아낼 수 있어요.

키위목
- 키위과
- 화식조목
  - 화식조과

키위
뉴질랜드 남쪽 섬에 서식해요. 땅속의 생물이 적은 겨울에는 열매도 먹어요.
🟥 50~56cm 🟦 작은 동물, 열매 🟧 뉴질랜드

쇠알락키위
제일 작은 키위예요. 수가 적어서 멸종이 우려돼요. 작은얼룩키위라고도 불러요. 🟥 35~45cm
🟦 작은 동물 🟧 뉴질랜드

큰알락키위
뉴질랜드 남쪽 섬의 극히 좁은 지역에서만 서식해요. 땅속의 지렁이 등을 잡아먹어요. 큰얼룩키위라고도 불러요.
🟥 50~60cm 🟦 작은 동물 🟧 뉴질랜드

곤드와나 대륙의 오래된 새

타조목, 레아목, 키위목, 큰화식조목, 도요타조목의 새는 굉장히 닮았지만, 다른 대륙에 서식하고 있어요. 먼 옛날 아프리카 대륙, 오스트레일리아 대륙, 남아메리카 대륙, 남극 대륙 등은 곤드와나라고 불리는 하나의 커다란 대륙이었어요. 이곳에 이 새들의 공통 조상이 서식했지만, 이후 대륙이 분열해 이동함에 따라 비슷한 새가 각각의 대륙에서 관찰된다고 해요.

🟥 몸길이 🟦 먹이 🟧 분포 🇰🇷 한국에서 볼 수 있음

화식조목
화식조과

🔸 **가와카미 박사의 포인트!**

화식조과는 오스트레일리아와 뉴기니섬에 분포하는 화식조류 3종, 에뮤 1종으로 구성된 작은 그룹이에요. 에뮤는 한때 에뮤과였지만, 지금은 화식조과로 합쳐졌어요. 둘 다 날 수 없고 지상을 걸어 다니며 살아요. 화식조류는 삼림 속에서, 에뮤는 건조한 초원에서 사는 새예요.

큰화식조는 위험한 새?!

타조 다음으로 거대한 새예요. 두껍고 옹골찬 다리에는 10cm를 넘는 칼 같은 발톱이 있어, 발차기 공격이 강렬해요. 사육하던 새에 의한 사망 사고가 일어나고 있는데, 야생에서는 새끼가 있을 때 외에는 별로 공격하지 않아요.

▶ 안쪽 발가락에는 길고 날카로운 발톱이 있어요.

큰화식조

목에 빨갛고 처진 부분이 있어요. 마치 불을 삼킨 것처럼 보여 이러한 이름이 붙여졌다고 해요. 머리에는 피부가 굳은 '투구' 같은 것이 있으며, 정글을 뚫고 들어갈 때 이용해요.

📏 130~170cm 🍎 열매, 작은 동물
🌏 오스트레일리아 북부

◀ 큰 입을 벌리고 상대를 위협해요.

양육은 수컷이 담당

큰화식조 암컷이 한 번에 낳는 알은 3~5개로, 알을 품는 건 수컷의 일이에요. 약 50일간 따뜻하게 해 주면 부화해요. 새끼를 기르는 것도 수컷이 하는 일로, 새끼가 자립할 때까지 9개월간이나 보살펴요.

화식조목 화식조과

도요타조목 도요타조과

작은화식조
화식조류 중에 제일 작아요. 표고 3,000m의 높은 산에 있는 숲에 살아요.
- 100~110cm
- 열매, 작은 동물
- 뉴기니섬

파푸아화식조
목에 있는 색이 노란 개체와 빨간 개체가 있어요.
- 120~150cm
- 열매, 작은 동물
- 뉴기니섬

에뮤
건조 지대에 서식하고 있으며 물을 잘 마셔요. 물을 찾아 꽤 먼 거리를 이동해요. 수영도 잘하죠. 짙은 청록색 알을 5~15개 정도 낳아요. 알은 시간이 지나면 까매져요. 알을 품는 건 수컷의 역할이에요.
- 150~190cm
- 씨와 열매, 작은 동물
- 오스트레일리아

시속 50km 정도의 속도로 달려요.

- 몸길이 ■ 먹이 ■ 분포 🇰🇷 한국에서 볼 수 있음

오리과 기러기류

기러기목

기러기목 오리과/기러기류

가와카미 박사의 포인트!

가족 단위로 모인 무리가 V자형 대열을 이뤄 이동하는 기러기! 다리에 물갈퀴가 있는 전형적인 물새임에도 불구하고 육지에 있을 때가 많아요. 그래서 두껍고 견고한 다리가 몸 중앙에 있어 걷기 쉬운 구조예요. 이것은 기러기가 주로 식물의 잎과 뿌리를 먹기 때문이에요. 하지만 잘 때는 안전한 수면(水面)이 필요하므로, 호수나 늪에서 떨어진 곳에서는 살지 않아요.

쇠기러기
한국에서 흔히 볼 수 있는 기러기예요. 종종 '꺄하학' 하는 소리로 울어요. 월동 때는 거대한 무리를 만들어요.
- 65~86cm ● 식물의 잎과 뿌리, 씨 ● 북반구

붉은가슴기러기
적갈색 가슴이 아주 아름다운 소형 기러기예요.
- 53~56cm ● 식물의 잎과 뿌리, 씨 ● 유라시아 대륙

흑기러기
북극해 연안에서 번식하고 유럽, 북아메리카, 동아시아 등의 해안에서 월동해요. 거머리말과 해초를 즐겨 먹어요. 천연기념물이에요.
- 55~66cm ● 거머리말, 해초 ● 북반구

큰기러기
한국에서는 비교적 흔히 볼 수 있는 겨울새예요. 대부분 농경지가 있는 지역에서 월동해요.
- 약 66~89cm ● 식물의 잎과 뿌리, 씨 ● 한국, 일본, 유라시아 대륙

케클링구스 (Branta hutchinsii)
알류샨 열도와 쿠릴 열도에서 번식하고, 북아메리카와 일본에서 월동해요.
- 67cm ● 식물의 잎과 뿌리, 씨 ● 일본, 북아메리카, 러시아

● 몸길이 ● 먹이 ● 분포 ● 한국에서 볼 수 있음

▲일본 홋카이도 미야지마 늪에서 촬영된 쇠기러기 대군단.

흰기러기 🇰🇷
북아메리카나 러시아 등의 북극권에서 번식하며, 대부분 북아메리카에서 월동해요. 한국에는 종종 찾아오는 겨울새예요.
- 66~84cm
- 식물의 잎과 뿌리, 씨
- 러시아, 일본, 북아메리카

흰이마기러기
쇠기러기를 축소한 것 같은 기러기예요. 한국에서는 길 잃은 새로 발견돼요.
- 53~66cm
- 식물의 잎과 뿌리, 씨
- 일본, 유라시아 대륙

개리 🇰🇷
극동 러시아에 번식하며 중국 남부에서 월동해요. 개리는 갯기러기에서 유래된 이름이에요. 천연기념물로 보호받고 있어요.
- 81~94cm
- 식물의 잎과 뿌리, 씨
- 동아시아, 극동 러시아

짤막 지식 기러기는 날아오를 때 머리를 흔들어 가족에게 신호를 준 다음 함께 날아올라요.

오리과 고니류

기러기목

기러기목 오리과 (고니류)

가와카미 박사의 포인트!
고니(백조)는 사실 오리의 친척이에요! 6종 중 5종은 온몸이 새하얗지만, 흑고니처럼 까만 새도 있어요. 새끼 때는 '미운 오리 새끼' 이야기처럼 회색이에요. 기다란 목은 깊은 물밑에 자라는 수초를 먹을 때 도움이 돼요. 다리에는 물갈퀴가 있어서 물에서 헤엄치는 게 특기예요. 가족 단위로 생활하며, 추운 지역에서 번식하는 종은 겨울에 따뜻한 지역으로 이동해요.

큰고니
천연기념물로 보호받고 있어요. 동아시아, 캄차카반도 등에서 번식해요. 겨울에는 한국에서도 월동하며, 월동지는 낙동강하구, 주남저수지, 진도 해안 등이에요.
■ 140~165cm ■ 식물의 잎과 뿌리, 씨
■ 한국, 일본, 유라시아 대륙

혹고니
천연기념물이에요. 별로 큰 소리로 울지 않아요. 한국에서는 간혹 볼 수 있는 겨울새예요.
■ 125~160cm ■ 식물의 잎과 뿌리 ■ 유라시아 대륙

▲어린 큰고니. 몸이 회색이에요.

■ 몸길이 ■ 먹이 ■ 분포 ■ 한국에서 볼 수 있음

흑고니
오스트레일리아에서 텃새로 서식하고 있어요. 날개의 끝만 하얗고 온몸은 까매요.
- 110~140cm
- 식물의 잎과 뿌리, 씨
- 오스트레일리아

검은목고니
남아메리카 남부의 해안과 호수 등에 무리 지어 서식해요. 수초를 잘 먹어요.
- 102~124cm
- 수초
- 남아메리카 남부

울음고니
휘파람고니라고도 해요. 고니류 중에서 가장 커요. 나팔처럼 커다란 소리로 울기 때문에 아메리카 등지에서는 '트럼페터 스완(Trumpeter Swan)'이라고 불러요.
- 150~180cm
- 식물의 잎과 뿌리, 씨
- 북아메리카

고니
북극해 연안에서 번식하고, 북아메리카와 유럽, 한국, 일본, 중국 등지에서 월동해요. 천연기념물이에요.
- 120~150cm
- 식물의 잎과 뿌리
- 북반구

짤막 지식 고니의 부리에 있는 검은 부분의 모양(형태)은 평생 변하지 않으므로, 개체를 구분할 수가 있어요.

기러기목
오리과 오리류

🔸 가와카미 박사의 포인트!

오리의 가장 큰 특징은 평평한 부리예요! 이 부리 덕분에 수면이나 물속에 있는 미세한 먹이를 놓치지 않고 붙잡을 수 있어요. 부리 끝까지 신경이 통하므로, 먹을 수 있는지 닿는 것만으로도 판단할 수 있어요. 다만 비오리는 먹잇감인 물고기가 미끄러져 빠져나갈 수 없도록 끝이 굽은 가늘고 긴 부리에 이빨 같은 돌기가 나 있어요. 또, 오리는 발가락에 물갈퀴가 있어서 수영과 잠수가 특기예요.

수컷과 암컷은 왜 다른 색일까?

수컷 오리는 대부분 화려하고 눈에 띄는 색이지만, 암컷은 아주 수수해요. 이는 암컷이 짝을 이룰 상대 수컷을 고를 때, 색을 보고 자신과 같은 종을 구분하기 때문이에요. 또한, 암컷이 수수한 것은 적이 발견하기 어렵게 하기 위해서라고 생각돼요. 그래서 번식기가 끝나면 화려했던 수컷도 '이클립스 깃털'이라는 수수한 색 깃털로 털갈이를 해 눈에 잘 띄지 않게 돼요.

▼왼쪽이 수컷 청둥오리(번식기). 오른쪽이 암컷.

청둥오리 🇰🇷

북반구의 넓은 지역에서 관찰되는 오리예요. 한국에서는 흔한 겨울새이며 번식하는 개체도 있어요. 집오리는 청둥오리를 인간이 사육해 품종 개량한 *가금이에요.

🟥 50~65cm 　🟦 식물의 잎과 씨, 곤충 　🟧 북반구

🟥 몸길이 　🟦 먹이 　🟧 분포 　🇰🇷 한국에서 볼 수 있음 　※가축으로서 사육된 조류를 가금이라고 해요.

고방오리 🇰🇷
북반구에 넓게 서식해요. 한국과 일본에서는 겨울새예요. 수컷은 툭 튀어나온 긴 꽁지깃을 지녔어요.
🟥 50~65cm 🟦 식물의 잎과 씨, 곤충 🟧 북반구

흰뺨검둥오리 🇰🇷
동아시아와 남아시아에 서식하는 오리예요. 한국과 일본에서는 텃새예요. 부리의 끝이 노란색을 띠는 게 특징이에요. 🟥 58~63cm 🟦 식물의 잎과 씨, 곤충 🟧 동아시아, 남아시아, 극동 러시아

가창오리 🇰🇷
극동 러시아에서 번식하고, 한국, 일본, 중국에서 월동해요. 수만 마리의 거대한 무리가 관찰되고 있어요.
🟥 39~43cm 🟦 식물의 잎과 씨, 곤충 🟧 동아시아, 극동 러시아

알락오리 🇰🇷
북반구에 널리 분포해요. 한국에도 찾아오는 겨울새예요. 사진에서 왼쪽이 수컷, 오른쪽이 암컷이에요.
🟥 46~58cm 🟦 식물의 잎과 씨, 곤충 🟧 북반구

쇠오리 🇰🇷
북반구에 널리 분포하며 한국에도 찾아와 겨울을 보내요. 사진은 구애의 춤을 추고 있는 수컷이에요. 날개의 녹색 부분은 '익경(翼鏡)'이라고 불려요.
🟥 34~43cm 🟦 식물의 잎과 씨, 곤충 🟧 북반구

홍머리오리 🇰🇷
유라시아 대륙에 널리 분포하는 오리예요. 한국과 일본에서는 겨울새예요. 풀을 잡아 찢기 쉽도록 두꺼운 부리를 지녔으며, 육지에 있는 식물을 잘 먹어요.
🟥 45~51cm 🟦 식물의 잎 🟧 한국, 일본, 유라시아 대륙

청머리오리 🇰🇷
주로 극동 러시아 남부에서 번식해요. 한국에서도 월동하며 호수, 연못 등에 찾아와요.
🟥 46~54cm 🟦 식물의 잎과 씨, 곤충 🟧 동아시아, 극동 러시아

짧막 지식 오리의 날개에는 종별로 색이 다른 '익경'이라는 부분이 있어요. 날 때 다른 종의 무리와 헷갈리지 않는 표식이 돼요.

기러기목 오리과(오리류)

넓적부리 🇰🇷
평평하고 커다란 부리의 끝이 꼬챙이처럼 돼 있어, 물속 조류 등의 작은 먹이도 잡을 수 있어요. 🟥 43~56cm 🟦 조류, 수생동물, 식물의 씨
🟧 북반구

혹부리오리 🇰🇷
부리가 위로 휘어 있어요. 그 덕분에 개펄의 진흙 표면에 있는 먹이를 쉽게 찾아요. 한국에 찾아오는 겨울새예요.
🟥 61~63cm 🟦 조류, 갑각류, 조개류
🟧 한국, 일본, 유라시아 대륙

머스코비오리 🇰🇷
멕시코에서 아르헨티나에 이르는 숲의 물가에 서식하는 오리예요. 가축화된 개체가 야생화되었어요.
🟥 66~84cm 🟦 수초, 물고기, 수생곤충
🟧 중앙아메리카, 남아메리카

원앙 🇰🇷
동아시아, 러시아 남서부에 서식하고 있어요. 나무 구멍 안에 둥지를 만들며 도토리를 좋아해요. 천연기념물이에요. 🟥 41~51cm 🟦 식물의 씨, 도토리류
🟧 동아시아, 극동 러시아

🥾 오리의 사냥 방법

오리의 사냥 방법에는 청둥오리 등처럼 수면에서 몸을 거꾸로 세워 물속의 먹이를 사냥하는 방식, 댕기흰죽지처럼 잠수해서 먹이를 사냥하는 방식이 있어요. 수면에서 사냥하는 방식은 물에 떠 있을 때 꽁지깃이 솟은 것처럼 보이며, 바로 날아오를 수 있어요. 반면 잠수로 먹이를 잡는 방식은 꽁지깃이 내려간 것처럼 보이고, 수면에서 도움닫기로 날아오르는 차이점이 있어요.

▲ 수면에서 사냥하는 방식을 쓰는 청둥오리. 꽁지깃이 솟아 있어요.

▲ 잠수해서 사냥하는 방식인 댕기흰죽지. 꽁지깃이 내려가 있어요.

쇠솜털오리

러시아와 북아메리카 북극해 연안에서 번식하고, 노르웨이와 알류샨 열도, 쿠릴 열도 등에서 월동해요. 매우 드물게 일본에 모습을 보이기도 해요.
- 43~48cm
- 조개, 물고기, 오징어
- 일본, 러시아, 북아메리카, 노르웨이

흰죽지 🇰🇷

거대한 무리를 짓고 호수와 늪, 후미진 만에서 월동해요. 잠수가 특기이며 조개와 수초 등을 먹어요.
- 42~58cm ■ 조개, 수초
- 한국, 일본, 유라시아 대륙

댕기흰죽지 🇰🇷

호수와 늪, 공원의 연못 등에서 월동해요. 물에 잘 잠수해요. 한국에 오는 겨울새예요.
- 40~47cm
- 수초, 씨, 수생곤충
- 한국, 일본, 유라시아 대륙

◀ 수면의 작은 수초를 부리로 걸러 건져 먹어요.

검은머리흰죽지 🇰🇷

바다에 서식하는 오리예요. 바닷물의 염분을 배출하는 기관이 있고, 잠수해서 조개를 먹어요. 수만 마리의 큰 무리를 짓고 겨울을 보내요.
- 40~51cm ■ 조개, 물고기
- 북반구

기러기목 오리과(오리류)

흰뺨오리 🇰🇷
호수와 바다에서 겨울을 보내요. 머리를 들어 올리고 부리를 위로 향하는 동작으로 구애해요. 🟥 42~50cm
🟦 조개, 물고기 🟧 북반구

흰줄박이오리 🇰🇷
겨울에 바위가 많은 해안가 등지에서 관찰돼요. 한국에서도 월동하며 주로 동해안에서 볼 수 있어요. 🟥 38~51cm 🟦 해초, 조개
🟧 동아시아, 극동 러시아, 북아메리카

바다꿩 🇰🇷
한국에서는 드물게 관찰되는 겨울새예요. 울음소리가 '아, 아오나'처럼 들려요. 🟥 38~58cm 🟦 조개, 오징어, 물고기
🟧 일본, 유라시아 대륙 북부의 연안, 북아메리카

검둥오리 🇰🇷
바다에 서식하는 오리예요. 물속을 파고들어 주로 조개를 먹어요. 수컷은 '휘이~' 하는 휘파람 같은 소리로 울어요. 🟥 43~54cm 🟦 조개, 갑각류 🟧 북반구

🟥 몸길이 🟦 먹이 🟧 분포 🇰🇷 한국에서 볼 수 있음

바다비오리 🇰🇷
부리에 예리한 돌기가 늘어서 있어요. 겨울에는 주로 바다에 있으며 잠수해서 물고기를 사냥해요.
🟥 52~58cm 🟦 물고기 🟧 북반구

흰비오리 🇰🇷
담수로 된 호수나 늪에서 월동해요. 다른 비오리류와는 달리 물고기보다 새우 등의 수생동물을 많이 먹어요.
🟥 35~44cm 🟦 수생동물, 물고기 🟧 한국, 일본, 유라시아 대륙

비오리 🇰🇷
한국의 겨울새예요. 겨울에 내륙의 커다란 호수 등에서 관찰돼요. 잠수해서 물고기를 잡아요.
🟥 82~97cm 🟦 물고기 🟧 북반구

호사비오리 🇰🇷
동아시아의 좁은 지역에만 번식하며, 번식하는 개체는 몇천 마리 정도로 추정돼요. 둥지는 나무 구멍에 지어요. 천연기념물이에요.
🟥 52~62cm 🟦 물고기 🟧 한국, 일본, 러시아, 중국

29

아하! 가와카미 박사의 심층 칼럼 ❶
새의 몸 구조

새의 몸은 날기에 적합한 구조예요. 온몸이 깃털로 덮여 있고, 앞다리는 날개로 돼 있죠. 또 몸무게가 가볍지 않으면 자유롭게 날 수 없으므로 뼈와 근육도 아주 가벼워요. 이빨은 없으며 먹이는 통째로 삼켜요. 날개가 된 앞다리로는 물건을 집을 수 없어요. 대신 부리가 발달해서 먹이에 맞춰 다양한 형태로 진화했죠. 뒷다리는 가늘고, 비늘이 있는 피부로 덮여 있어요. 새의 발가락은 대부분 앞쪽에 세 개, 뒤쪽에 한 개로 총 네 개예요. 하지만 발가락의 수와 방향은 종에 따라 차이가 있어요. 그럼 지금부터 새의 몸 구조에 대해 자세히 알아보도록 해요.

몸의 특징

눈 - 밤에도 어느 정도 볼 수 있어요.

콧구멍 - 종에 따라 뚫린 위치가 다양해요.

귀 - 깃털에 숨겨져 보이지 않지만, 구멍이 뚫려 있어요.

몸 - 온몸이 깃털로 덮여 있어요.

부리 - 뼈가 케라틴이라는 단단한 단백질로 덮여 있어요. 길이와 형태는 먹는 것에 따라 다양해요. 이빨은 없어요.

도가머리 - 머리에 왕관처럼 난 깃털이에요. 사진은 후투티예요.

날개 - 날지 않을 때는 작게 접어서 몸에 붙어 있어요.

무릎 - 깃털에 덮여 보이지 않아요.

다리 - 새 대부분은 발뒤꿈치 끝에 깃털이 없고, 비늘이 있는 피부로 덮여 있어요. 발가락은 앞으로 세 개, 뒤로 한 개 있는 것이 기본이에요. 걷고, 나뭇가지를 잡고, 먹잇감을 제압하는 데 쓰여요.

발뒤꿈치

상미통 - 허리부터 꽁지깃 부분을 덮는 깃털이에요. 이 깃털이 자라서 장식깃이 된 종이 많아요.

꽁지깃 - 뼈는 없어요. 비행이나 구애할 때 중요한 역할을 해요.

새의 내장

새의 내장도 날기 위한 궁리를 거쳐, 인간과는 다른 구조로 돼 있어요.

식도

기도

소낭 - 먹은 것을 잠시 보관하는 장소예요. 소낭이 없는 종도 있어요.

심장

간

선위 - 소화액이 나와 먹이를 녹여요.

폐

췌장

근위 - 근육이 발달해 있어서 먹이를 잘게 부숴요. 종에 따라서는 모래나 작은 돌이 들어 있어요. 이는 딱딱한 먹이를 부수는 데 도움이 돼요. '사낭(모래주머니)'이라고도 불러요.

신장

장 - 아주 짧고 배설 속도가 빨라요.

총배설강 - 변과 오줌을 배설하는 곳이에요. 알도 이곳으로 나와요.

새의 골격

새의 뼈는 얇고 안이 텅 비어 아주 가벼워요. 또 뼈의 개수도 포유류보다 적죠. 이것도 몸을 가볍게 하기 위한 노력이에요. 하지만 뼈의 내부에는 무수한 얇은 뼈가 자유롭게 뻗어 있어서 아주 견고해요. 또 흉추, 늑골, 흉골(용골 돌기)이 견고한 새장처럼 돼 있어 몸 안의 내장을 단단히 보호해요. 목뼈의 개수는 포유류가 7개로 고정돼 있지만, 새는 9~25개로 종에 따라서 달라요.

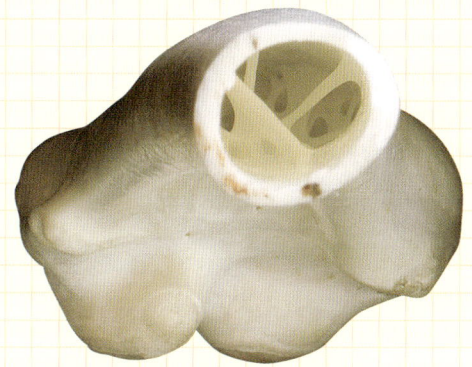

▲솔개의 뼈 단면. 아주 얇고 안이 비어 있어요.

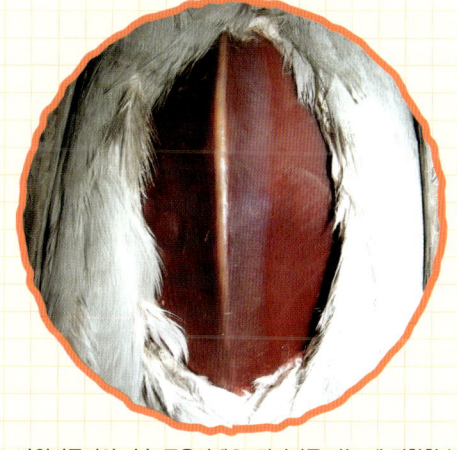

▲바위비둘기의 가슴 근육이에요. 장거리를 나는 데 적합한 붉은 근육이 붙어 있어요.

▼참새의 골격.

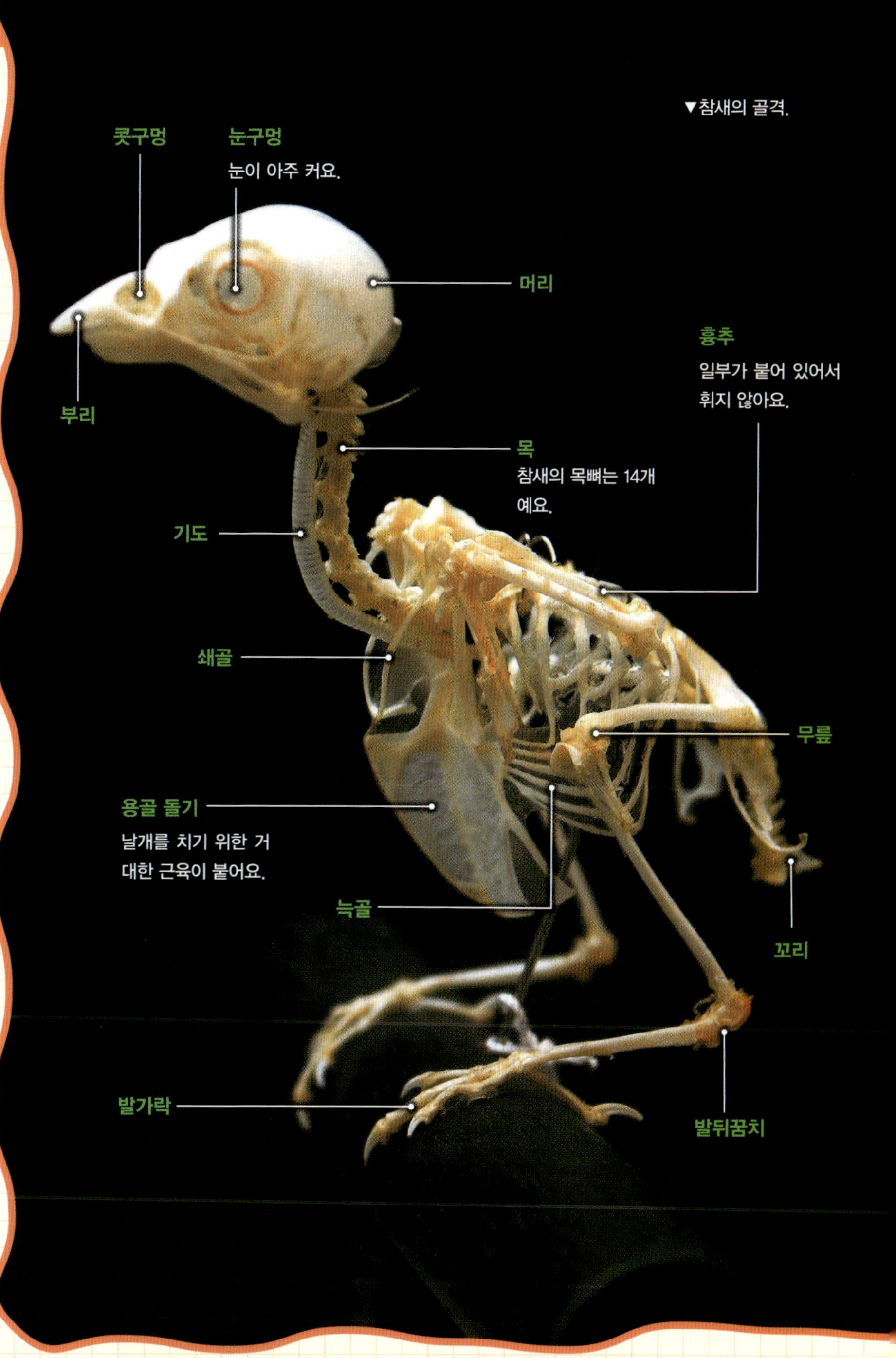

- 콧구멍
- 눈구멍 — 눈이 아주 커요.
- 머리
- 부리
- 흉추 — 일부가 붙어 있어서 휘지 않아요.
- 기도
- 목 — 참새의 목뼈는 14개예요.
- 쇄골
- 무릎
- 용골 돌기 — 날개를 치기 위한 거대한 근육이 붙어요.
- 늑골
- 꼬리
- 발가락
- 발뒤꿈치

소화와 배설

위는 두 개 있으며, 먼저 선위에서 소화액을 내보내 먹이를 녹여요. 그다음 근위로 먹이가 들어가죠. 이 위는 근육이 발달해 있어서 먹이를 강한 힘으로 잘게 부술 수 있어요. 근위가 이빨을 대신하는 셈이죠. 조개나 씨를 먹는 새는 모래와 작은 돌도 먹어서 근위에 저장하고 먹이를 잘게 부숴요. 장은 아주 짧아 먹이를 소화하고 나면 곧장 오줌과 함께 배설해요. 새의 오줌은 수분이 적고 하얀색을 띠어요. 바로 배설하는 것, 오줌이 물 같지 않은 것은 몸을 가볍게 하기 위한 구조예요.

▶왜가리의 변. 하얀 부분이 오줌이에요.

닭목
무덤새과

🔸 **가와카미 박사의 포인트!**

무덤새과의 새들은 알을 품어서 따뜻하게 하지 않고, 자연의 열을 이용해 알을 부화시키는 점이 재미있어요. 그 때문에 동남아시아와 뉴기니섬, 오스트레일리아의 따뜻한 지역에서만 발견돼요. 또 알에서 부화한 새끼가 바로 날 수 있는 것도 놀라운 특징이에요.

호주숲칠면조
쌓인 낙엽이 땅에 사는 미생물에 의해 분해될 때 나오는 발효열을 이용해 알을 부화시켜요. 주택가에도 서식하며 인가의 마당에 거대한 둥지를 틀기도 해요.
- 60~70cm
- 열매, 작은 동물
- 오스트레일리아 동부

세계에서 가장 큰 둥지

호주숲칠면조는 새 중에서 가장 큰 둥지를 틀어요. 그 크기는 무려 지름 4m, 높이 85cm에 달하고, 사용하는 낙엽의 양은 약 4톤에 달하죠. 둥지는 수컷이 한 달간 홀로 짓고, 암컷은 일절 도와주지 않아요.

▶ 수컷과 암컷이 모래를 파고 있어요.

▲ 갓 부화한 셀레베스메거포우드 새끼예요.

셀레베스메거포우드

화산섬인 술라웨시섬, 부톤섬에만 서식해요. 땅에 구멍을 파고 알을 낳아요. 지열이나 태양광을 이용해 알을 부화시키는 독특한 새예요.
- 약 55cm ● 열매, 곤충
- 술라웨시섬, 부톤섬(인도네시아)

풀숲무덤새

건조한 숲에 서식하는 무덤새예요. 땅에 구멍을 파고 그 안에 낙엽을 모아, 발효될 때 발생하는 열로 알을 부화시켜요.
- 약 60cm ● 식물의 씨, 열매, 작은 동물 ● 오스트레일리아 남부

꿩과 뇌조류

닭목

닭목 꿩과(뇌조류)

🔶 가와카미 박사의 포인트!

뇌조류 수컷이 선보이는 구애의 춤은 아주 볼만해요. 그중에는 몇십 마리가 한 곳에 모여 기묘한 춤을 추는 종도 있어요. 뇌조류는 추운 지방에 서식하는 종이 많아요. 그래서 다리 끝까지 깃털로 덮여 있는 종도 있죠. 일본에서는 고산에 사는 새라는 이미지가 있지만, 세계적으로 보면 숲에 사는 개체, 초원에 사는 개체 등 다양한 뇌조가 있어요.

▲ 겨울이 되면 새하얀 날개로 털갈이를 해요.

뇌조
천둥이 치는 듯한 날씨에 자주 보여 이러한 이름이 붙여졌어요. 일 년에 세 번, 여름과 가을, 겨울에 깃털 색이 바뀌어요.
- 🟥 33~38cm
- 🟦 식물의 싹과 씨
- 🟧 일본의 고산, 북극권 주변

🌸 뇌조의 신기한 분포

뇌조는 북아메리카와 유라시아 대륙의 북극권 주변에 널리 분포해 있지만, 일본의 뇌조는 홀로 떨어진 위도가 낮은 지방에 서식해요. 그 이유는 지구의 역사와 관계가 있죠. 지금으로부터 약 2만 년 전에는 지구 전체의 기온이 현재보다 낮아서, 추운 환경을 좋아하는 뇌조가 지금보다 널리 분포해 있었어요. 그 이후, 지구의 기온이 상승해 추운 지역이 북쪽으로 이동하면서 뇌조의 분포도 북쪽으로 한정되었죠. 하지만 일본에 있는 뇌조는 북쪽으로 향하지 않고 추운 고산에 보금자리를 틀고 정착했어요.

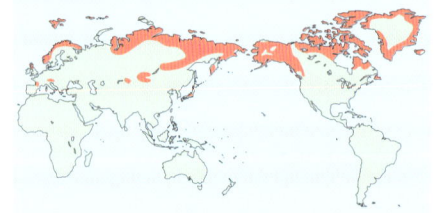

▲뇌조의 전 세계 분포(빨간 부분).

▲뇌조의 일본 분포.

목을 부풀리고 구애의 춤을 추는 수컷.

큰초원뇌조
아메리카 중부 초원에 서식하는 뇌조예요. 몇 마리에서 몇십 마리의 수컷이 모여, 6km 밖까지 들리는 새소리를 내며 구애의 춤을 춰요. 암컷을 둘러싸고 수컷들끼리 싸우기도 해요.
- 40~48cm
- 식물의 싹과 잎, 곤충
- 북아메리카

검은뇌조
숲에 서식하는 중형 뇌조예요. 수컷은 암컷을 둘러싸고 다퉈요. 멧닭이라고도 해요.
- 수컷 약 60cm, 암컷 약 40cm
- 식물의 싹과 잎
- 유라시아 대륙

들꿩
유럽 북부에서 아시아 북동부까지의 숲에 널리 분포해요. 흔하지 않지만, 한국에서도 볼 수 있어요.
- 35~40cm
- 식물의 싹과 씨, 곤충
- 한국, 일본(홋카이도), 유라시아 대륙

웨스턴캐퍼케일리
세계에서 가장 큰 뇌조예요. 수컷은 꽁지깃을 펼쳐 암컷에게 구애해요.
- 80~115cm
- 소나무 잎
- 유럽

목도리뇌조
북아메리카 침엽수 숲에 서식하는 뇌조예요. 수컷은 날개를 퍼덕여서 소리를 내 영역을 주장해요.
- 43~48cm
- 식물의 싹
- 북아메리카

짤막 지식 겨울이 되면 뇌조는 눈에 구멍을 파고 그 안에서 숙면해요.

닭목
꿩과 꿩류

가와카미 박사의 포인트!

꿩은 정말 화려해요! 수컷 꿩은 색이 선명하고 아름다우며 긴 깃털을 지닌 개체가 많아요. 반대로 암컷은 수수하죠. 메추라기는 수컷과 암컷 모두 수수한 색이지만요. 꿩과에 속하는 새는 지상에 살며 잘 날지 못해요. 예로부터 사냥의 대상으로서 인간과의 연관성이 깊은 새이기도 해요.

메추라기
한국에 찾아오는 겨울새예요. 가금류로 사육되고 있어요. 야생 메추라기는 수가 많이 줄어 거의 보이지 않아요.
- 17~19cm
- 식물의 싹과 씨, 곤충
- 동아시아

●몸길이 ●먹이 ●분포 한국에서 볼 수 있음 ※가축으로서 사육된 조류를 가금이라고 해요.

일본꿩
일본 고유종이에요. 번식기에 수컷이 여러 마리의 암컷과 짝을 맺어요. 일본의 대표적인 새이며 국조이기도 해요.
- 수컷 약 81cm, 암컷 약 56cm
- 식물의 싹과 씨, 곤충
- 일본(홋카이도와 오키나와 제외)

차이니즈뱀부파트리지
중국 남부에서 대만에 걸쳐 서식하는 새예요. 일본에서는 방생되며 야생화했어요. 크고 특징적인 울음소리를 지녔어요.
- 약 30cm
- 씨, 열매, 곤충
- 중국 남부, 대만

들칠면조
수컷은 번식기 때 꽁지깃을 펼쳐 구애의 춤을 춰요. 한때 수렵의 영향으로 개체 수가 줄었지만, 보호 활동으로 회복되었어요. 칠면조라고 부르기도 해요.
- 수컷 약 110cm, 암컷 약 90cm
- 열매, 곤충
- 북아메리카

인도공작
수컷이 장식깃을 크게 펼쳐 암컷에게 구애해요. 장식깃은 '상미통'이라는 부분의 깃털로, 꽁지깃은 아니에요.
- 수컷 180~230cm, 암컷 90~100cm
- 곤충, 작은 동물, 열매, 씨
- 인도, 스리랑카

적색야계
닭의 원종이에요. 열대 우림 지상에서 살아요.
- 수컷 65~75cm, 암컷 42~46cm
- 식물의 잎과 씨, 곤충
- 동남아시아

코퍼긴꼬리꿩
일본 고유종이에요. 수컷의 꽁지깃이 아주 길며 약 90cm에 달해요. 서식하는 지역에 따라 색이 조금씩 달라요. 위협하거나 경계하기 위해서 날개를 부딪쳐 소리를 내요.
- 수컷 87.5~136cm, 암컷 51~54cm
- 식물의 씨, 열매, 곤충
- 일본(홋카이도와 오키나와 제외)

짤막 지식 들칠면조는 흥분하면 얼굴색이 또렷하게 변화해요. 그래서 '칠면조'라는 이름이 붙었어요.

아하! 가와카미 박사의 심층 칼럼 ❷
깃털의 비밀

부드럽고 가벼운 새의 깃털. 현재 지구상에 존재하는 동물 중 몸에 깃털이 나는 건 새뿐이에요. 새가 날 수 있게 된 것도 깃털이 있어서죠. 또 깃털이 있는 덕분에 추운 북극과 남극에서 생활하거나, 차가운 바다에 잠수해도 멀쩡해요. 다양한 역할을 하는 새 깃털의 비밀을 소개할게요.

깃털의 종류와 역할

◎ 정우(正羽)

몸 표면을 덮고 있는 깃털은 대부분 '정우'예요. 정우는 깃대(우축) 하나의 양쪽에 깃판이라고 불리는 부분이 있어요. 날개의 칼깃과 꽁지깃, 몸 표면을 덮는 깃털 등이 정우예요. 칼깃이나 꽁지깃은 날 때 도움이 돼요. 몸의 깃털은 몸뚱이 표면을 매끄럽게 해서 공기 저항을 줄이는 역할, 물이 스며들지 않게 하는 기능이 있어요.

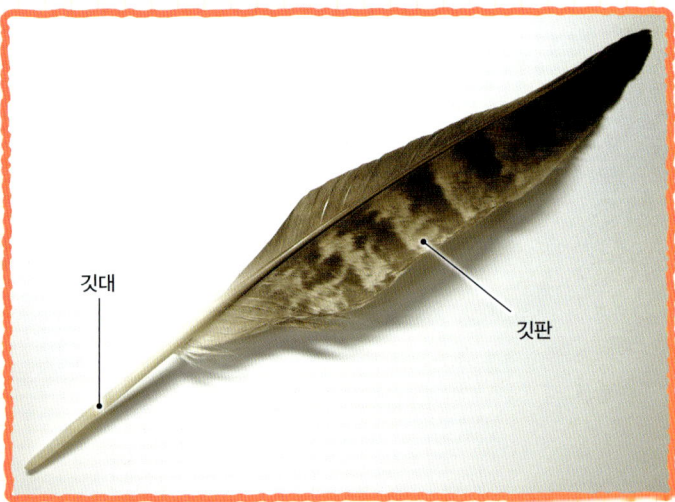

▲ 참매의 길깃. 날개의 칼깃은 바깥쪽 깃털일수록 깃대가 치우쳐져 있어요.

▲ 황조롱이의 꽁지깃. 중심에 가까운 꽁지깃은 깃대가 중앙에 있어요.

◎ 반면우(半綿羽)

깃대에 부드러운 깃털이 나 있는 것이 '반면우'예요. 몸을 부풀게 하거나, 더위와 추위로부터 몸을 보호해요.

◎ 면우(綿羽)

깃대가 없고 부드러운 깃털만 자라 있어요. 더위와 추위로부터 몸을 보호해요.

▲ 긴점박이올빼미의 반면우.

▲ 흰기러기의 면우.

◎ 분면우(粉綿羽)

왜가리류, 비둘기류 등의 한정된 새에게만 있는 특수한 깃털이에요. 깃대가 없고 앞쪽이 부서져 가루처럼 되었어요. 방수성을 높이고 더러움을 방지하는 역할이 있어요.

◎ 깃털은 몇 개 있을까?

커다란 새는 깃털 수가 많고, 작은 새는 적은 경향이 있어요.

▲ 가루가 되기 전인 왜가리의 분면우.

▲ 붉은가슴벌새의 정우와 반면우는 약 950개예요.

▲ 고니의 정우와 반면우는 약 2만 5,000개예요.

◎ 깃털갈이(환우, 換羽)

모든 새는 일 년에 한 번은 깃털이 빠지고 새롭게 나요. 이를 깃털갈이라고 하며, 빠지고 바뀌는 순서는 종에 따라 정해져 있어요. 또 뇌조처럼 털을 갈면서 겨울과 여름에 색이 모조리 변하는 종도 있죠. 그리고 오리, 두루미 등은 날개의 칼깃을 일제히 바꾸기 때문에 이 주 정도는 날 수 없게 돼요.

◎ 몸을 지키는 깃털

부드럽고 튼튼한 깃털이 몸을 뒤덮듯 수없이 나 있어요. 이로써 외부의 충격과 추위, 더위, 비 등으로부터 몸을 보호할 수 있죠. 비둘기의 꽁지깃은 쉽게 빠져서 매 등에게 잡혔을 때 빼 버리고 도망칠 수 있어요. 또 깃털을 이용해 알과 새끼를 춥지 않게 보호할 수도 있어요.

▲ 머리의 깃털을 가는 중인 큰부리까마귀.

▲ 칼깃이 빠지고 새 깃털이 나기 시작한 흰뺨검둥오리.

▲ 꽁지깃을 펼치는 바위비둘기. 비둘기류의 꽁지깃은 잘 빠져요.

◎ 디스플레이 용도의 깃털

구애나 적을 놀랠 때 사용하는 특별한 형태의 깃털도 있어요. 특히, 구애할 때 이용하는 깃털을 장식깃이라고 부르며, 크게 펼치거나 부풀려 암컷의 마음을 끌어요.

▶ 원앙의 장식깃. 은행나무 잎 같은 형태를 띠어서 은행우라고 불려요.

▼ 장식깃을 보여 주며 구애하는 수컷 원앙.

쏙독새목
쏙독새과

가와카미 박사의 포인트!

쏙독새는 밤에 행동하며, 나는 모습이 수리와 비슷해요. 부리는 작지만 눈 밑까지 입이 갈라져 있어서 크게 확 벌릴 수 있는 게 특징이에요. 이 커다란 입을 벌리면서 날아다니며 곤충을 잡아요. 낮에는 나뭇가지 위 등에서 휴식을 취하는데, 깃털 색이 나무껍질과 비슷해서 적에게 잘 들키지 않아요.

푸어윌쏙독새
북아메리카 사막에 서식해요. 겨울에 체온을 낮춰 동면하는 유일한 새예요.
- 약 17cm ● 곤충 ● 북아메리카

깃발쏙독새
번식기가 되면 수컷의 칼깃 두 개가 깃발처럼 자라요. 이 날개를 훨훨 나부끼면서 날아다니며 암컷에게 구애해요.
- 약 20cm ● 곤충
- 에티오피아, 우간다, 케냐

쏙독새
한국에서 볼 수 있는 여름새예요. '쏙~쏙' 하고 커다란 소리로 연속해 울어요.
- 약 29cm ● 곤충 ● 인도, 동아시아, 동남아시아

담황목걸이쏙독새 (Antrostomus ridgwayi)
건조림에서 서식해요. 목에 목걸이 같은 하얀 모양이 있어요.
- 21.5~24.5cm ● 곤충
- 아메리카, 멕시코, 과테말라, 니카라과

유럽쏙독새
유럽을 중심으로 한 지역에서 번식하고, 겨울은 아프리카에서 보내는 철새예요.
- 24.5~28cm ● 곤충
- 유라시아 대륙 남부, 아프리카(월동지)

제비꼬리쏙독새 (Uropsalis segmentata)
수컷은 아주 긴 꽁지깃 두 개를 지녔어요. 암컷의 꽁지깃은 길지 않아요.
- 수컷 40~54cm, 암컷 20~22cm
- 곤충 ● 콜롬비아, 에콰도르, 볼리비아, 페루

기름쏙독새목
기름쏙독새과

가와카미 박사의 포인트!
큰 무리를 이루고 동굴에 서식하며, 야자와 녹나무의 열매를 좋아하는 별난 새예요. 남아메리카의 열대 지역에 한 종만이 서식하고 있어요.

기름쏙독새
열매를 먹는 유일한 야행성 새예요. 자신의 새소리 반향을 이용해 암흑 속에서도 사물에 부딪히지 않고 날 수 있어요.
● 40~49cm ● 열매 ● 남아메리카

포투목
포투과

가와카미 박사의 포인트!
나뭇가지로 변신해 있지만…… 자세히 보면 포투예요! 낮에는 나뭇가지를 뻗은 것 같은 선 자세로 가만히 있어서, 유심히 보지 않으면 알아채기 어려워요. 밤이 되면 커다란 눈을 빛내면서 먹잇감을 노리는 사냥꾼으로 변신해요!

낮 / 밤

커먼포투
(Nyctibius griseus)
나뭇가지 끝에 머물러 있다가, 근처에 날아온 곤충을 발견하면 달려들어 공중에서 잡아요. ● 33~38cm ● 곤충
● 중앙아메리카, 남아메리카

넓은부리쏙독새목
넓은부리쏙독새과

🔸 **가와카미 박사의 포인트!**

넓은부리쏙독새류의 입은 동전 지갑처럼 커다래요. 인도에서 오스트레일리아에 걸쳐 분포하며, 지상에 있는 곤충과 쥐, 개구리, 도마뱀, 달팽이 등을 먹어요. 쏙독새보다 부리가 더 견고해요.

개구리입쏙독새
오스트레일리아에 널리 분포해요. 숲과 공원, 농경지 등에서도 관찰돼요. ■ 34~53cm
■ 곤충, 거미, 개구리 ■ 오스트레일리아

부엉이쏙독새목
부엉이쏙독새과

🔸 **가와카미 박사의 포인트!**

쏙독새와 가까운 친척이지만 부엉이 같은 자세로 가만히 있어서 부엉이쏙독새예요. 밤에는 큰 눈으로 곤충 등의 먹잇감을 발견하면, 잽싸게 날아가서 먹어 버려요. 둥지는 나무 구멍에 지어요.

큰부엉이쏙독새
(Aegotheles insignis)
뉴기니섬 열대 우림에 서식해요. 부엉이쏙독새 중 제일 커요.
■ 28~30cm ■ 곤충
■ 뉴기니섬

호주부엉이쏙독새
오스트레일리아에 널리 분포해요. 건조한 숲에서 열대 우림까지 다양한 환경에서 관찰돼요.
■ 21~25cm ■ 곤충 ■ 오스트레일리아

■ 몸길이 ■ 먹이 ■ 분포 🇰🇷 한국에서 볼 수 있음

칼새목
칼새과

🔵 **가와카미 박사의 포인트!**
칼새류는 새 중에 가장 하늘을 잘 날아요. 물을 마실 때도, 교미할 때도 하늘에 계속 머물고 있어요. 뭘 하든지 항상 날고 있죠. 날면서 잘 수도 있다는 점이 놀라워요.

▲바늘꼬리칼새의 꽁지깃.

바늘꼬리칼새 🇰🇷
꽁지깃의 깃대가 끝부분에서 바늘처럼 튀어나와 있어요. 시속 130km보다 빠른 속도로 날아요. 조류 중 순항 속도가 제일 빠르다고 해요. ● 약 20cm ● 곤충 ● 동아시아, 히말라야산맥, 오스트레일리아

▲칼새류는 발가락 네 개가 전부 앞쪽으로 나 있어요.

칼새 🇰🇷
여름새로 해안가와 고산 지대에 찾아오며, 둥지는 바위틈에 틀어요. ● 약 18cm ● 곤충 ● 동아시아, 동남아시아, 오스트레일리아

검은둥지칼새
(Aerodramus maximus)
흰집칼새류예요. 칼리만탄섬과 말레이반도, 수마트라섬 등에 서식해요. 동굴에서 번식해요. ● 약 14cm ● 곤충 ● 동남아시아

쇠칼새 🇰🇷
동남아시아의 새로, 한국에서는 극히 드물게 볼 수 있는 나그네새예요. 일본에서는 1960년대부터 발견됐어요. 빌딩 벽이나 철도 다리 밑에 둥지를 만들어요. ● 약 15cm ● 곤충 ● 일본, 동남아시아

식용으로 쓰이는 흰집칼새의 둥지
고급 중화요리 식재료로 유명한 '제비집'은 대부분 흰집칼새류의 둥지예요. 흰집칼새는 자신의 타액으로 둥지를 만들어요. 이것을 건조하면 식용이 되죠. 최근에는 빌딩 안에서 흰집칼새를 사육함으로써 둥지를 얻는 방법도 쓰이고 있어요.

벌새과

칼새목

가와카미 박사의 포인트!
벌새는 작은 몸으로 엄청나게 빨리 날갯짓하면서, 공중에서 순간 정지(호버링)할 수 있어요. 게다가 뒤로 이동할 수도 있죠! 꽃의 꿀을 빠는데 앉을 수 있는 장소가 없으므로 이런 곡예에 가까운 비행이 필요해요. 종에 따라 길이나 휜 정도가 다른 부리를 지녔는데, 이는 자신이 꿀을 빠는 꽃의 형태에 맞췄기 때문이에요. 꽃꿀 이외에는 거미와 작은 곤충을 먹어요.

물까치라켓벌새
남아메리카 페루의 아주 일부 지역에만 서식하는 희귀한 벌새예요. 긴 꼬리로 암컷에게 구애해요. ■ 수컷 15~17cm, 암컷 11~13cm ■ 꽃의 꿀 ■ 페루

칼부리벌새
부리의 길이가 11cm에 달하며, 대롱 모양의 꽃꿀을 마시기에 적합해요.
■ 17~22cm ■ 꽃의 꿀
■ 남아메리카 북서부

자이언트벌새
벌새 중에서 가장 큰 종이에요. 안데스산맥의 고지대에 서식하고 있어요.
■ 20~22cm ■ 꽃의 꿀
■ 남아메리카 서부

애나스벌새
북아메리카 서해안에서 자주 볼 수 있는 벌새예요. 정원의 화단에 찾아와요. 안나벌새라고도 해요.
■ 10~11cm ■ 꽃의 꿀
■ 북아메리카 서부

꿀벌벌새
세계에서 가장 작은 새예요. 수컷은 몸길이 5cm, 몸무게는 겨우 2g 밖에 안 돼요. ■ 5~6cm
■ 꽃의 꿀 ■ 쿠바

보랏빛두꼬리벌새
(Aglaiocercus coelestis)
수컷의 꽁지깃 길이가 15cm에 달해요. 암컷의 꽁지깃은 길지 않아요.
■ 수컷 약 21cm, 암컷 약 10cm ■ 꽃의 꿀
■ 콜롬비아, 에콰도르

■ 몸길이 ■ 먹이 ■ 분포 🇰🇷 한국에서 볼 수 있음

부채머리목
부채머리과

가와카미 박사의 포인트!
아프리카에 서식하는 부채머리새는 수수께끼가 많은 새예요! 우선 어떤 새인지 분류가 명확하지 않아요. 꿩에 가깝다는 설, 뻐꾸기에 가깝다는 설 등 다양해요. 또 몸의 녹색과 붉은색은 부채머리과에만 있는 특수한 색소에 의한 거예요. 콧구멍의 위치나 모양이 종에 따라 다르지만, 왜 다른지는 알려진 바가 없어요. 숲 속에 살아서 발견하기 어려우며, 생태도 잘 드러나지 않은 부분이 많아요.

잿빛부채머리
사진은 모래 목욕을 하는 모습이에요. 건조한 숲에 서식하고 있어요. 회색도가 머리뻐꾸기라고도 해요.
- 47~50cm
- 열매
- 아프리카 남부

피셔부채머리
소말리아 남부에서 탄자니아 북부까지에 있는 해안 근처 숲에 서식해요.
- 약 40cm
- 열매
- 소말리아, 케냐, 탄자니아

관머리부채머리
부채머리새 중 제일 커요. 별로 잘 날지는 못해요.
- 약 75cm
- 열매, 식물의 잎
- 서아프리카

보라부채머리
아프리카 서부 열대 우림에 서식하는 아름다운 부채머리새예요.
- 약 50cm
- 열매
- 세네갈에서 카메룬

느시목
느시과

가와카미 박사의 포인트!

유라시아 대륙이나 아프리카, 오스트레일리아의 초원과 반사막 지대에 서식하는 다리가 긴 새예요. 걸어 다니면서 곤충, 도마뱀, 식물의 씨앗까지 뭐든지 먹어요! 어떤 종이든 수컷은 구애할 때 특징적인 깃털을 부풀리고 암컷에게 어필해요.

▲보통 때의 아프리카큰느시. 걸으면서 곤충, 도마뱀 등을 찾아 먹어요.

아프리카큰느시

큰 수컷은 19kg에 달해요. 비행하는 새 중에서 가장 몸무게가 무겁다고 하죠. 사진은 구애의 춤을 추는 수컷이에요. ▬ 약 120cm
▬ 곤충, 소형 포유류, 식물의 씨
▬ 아프리카

느시 🇰🇷

유라시아 대륙에 국지적으로 분포해요. 개체 수는 그렇게 많지 않아요. 한국에서는 드물게 볼 수 있는 겨울새예요. ▬ 수컷 약 105cm, 암컷 약 75cm ▬ 곤충, 파충류
▬ 유라시아 대륙

▬ 몸길이 ▬ 먹이 ▬ 분포 🇰🇷 한국에서 볼 수 있음

작은느시
느시류 중 제일 작아요. 일본에서는 미조(길 잃은 철새)로 2번 정도 발견된 기록이 있다고 해요.
🟥 약 43cm 🟦 곤충 🟧 유라시아 대륙 남부

하르트라우프느시
사바나에 서식하고 있어요. 🟥 약 60cm
🟦 곤충, 파충류 🟧 아프리카 동부

방울깃작은느시
수컷은 가슴에 있는 장식깃을 펼치고 구애해요. 🟥 약 60cm 🟦 곤충, 파충류
🟧 아프리카 북부에서 아시아

오스트레일리아느시
사진은 구애하고 있는 수컷이에요.
🟥 약 120cm 🟦 곤충, 파충류
🟧 오스트레일리아, 뉴기니섬

47

아하! 가와카미 박사의 심층 칼럼❸

새의 감각 기관

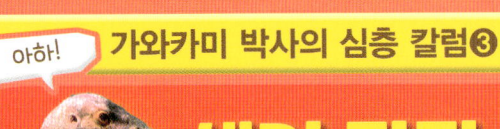

새는 동물 중에서 가장 눈이 좋은 생물이에요. 또 귀로 소리를 듣는 능력도 우수하죠. 이런 능력들은 하늘을 나는 것과 관계가 있어요. 특히 고속으로 날아다니는 새는 시력이 좋지 않으면 하늘을 잘 날 수가 없고, 소리로 연락을 주고받지 않으면 동료와 떨어지게 돼요. 또한, 새의 코는 냄새에 별로 민감하지 않다고 여겨졌지만, 최근 연구에 따르면 새 대부분은 냄새를 감지하고 있다고 해요.

새의 눈

◎밤에도 보인다

새는 밤에 잘 보이지 않는다고 여겨졌지만, 사실 새 대부분은 밤에도 볼 수 있어요. 올빼미, 쏙독새 등의 밤에 활동하는 새는 물론, 낮에 활동하는 새도 밤에 이동하는 종이 많아요. 또한, 야행성 새의 눈에는 적은 빛을 효율적으로 모으는 휘판(타페텀)이라는 조직이 있어요. 올빼미나 쏙독새의 눈에 빛이 닿으면 붉게 빛나는 이유가 이것 때문이에요.

▲휘판이 붉게 빛나는 기름쏙독새의 눈.

▲밤에 이동하는 검은목두루미 무리.

◎색이 보인다

새 대부분은 낮에 활동하기 때문에 색을 구분하는 능력이 발달해 있어요. 그래서 구애할 때 매력적으로 보이도록, 비슷한 종과 구별될 수 있도록 색이 풍부해졌죠. 또한, 인간이 볼 수 없는 자외선도 볼 수 있으며, 암수를 구분하고 나무 열매의 섭취 시기 등을 판단하는 데 도움이 돼요.

▲자외선이 투과하지 않는 일본의 까마귀용 쓰레기 봉투. 자외선이 투과하지 않으므로 까마귀의 눈에는 봉투 속에 음식물이 들었는지 알 수 없어요.

▲매커우의 색이 화려한 건 새도 색을 볼 수 있기 때문이에요.

◎종에 따라 다른 눈의 위치

눈이 달린 위치는 새의 습성에 따라서 달라요. 매와 올빼미는 먹이까지의 거리를 정확하게 알기 위해 눈이 정면에 나 있어요. 멧도요는 눈이 얼굴의 옆면에 달려 있으며, 360도를 볼 수 있어요. 이는 부리로 땅속의 먹이를 찾을 때도 적이 오는 것을 파악하기 위해서예요.

◎새의 눈은 움직이지 않는다

새의 안구는 완전한 원 형태가 아니라서 거의 움직일 수가 없어요. 대신 목이 자유롭게 움직이죠. 특히 올빼미는 목이 270도까지 돌아가며 바로 뒤도 볼 수 있어요.

▲정면을 향한 참매의 눈.

▲얼굴의 옆면에 달린 멧도요의 눈.

▲목을 돌려 뒤를 보는 암컷 흰올빼미.

새의 코

새의 코는 간단한 구조이기 때문에 냄새를 잘 맡지 못한다고 여겨졌어요. 하지만, 개중에는 냄새에 민감한 새가 있다는 것이 밝혀졌죠. 특히 키위, 슴새, 오리 등은 냄새를 감지하는 기관이 발달해서, 냄새로 먹이를 찾거나 동료와 의사소통을 해요.

▶큰알락키위의 콧구멍은 부리 끝에 위치하며, 냄새를 통해 지렁이를 찾아요.

새의 부리

도요새와 오리는 눈에 보이지 않는 물이나 땅속의 먹이를 부리의 감촉만으로 찾아낼 수 있어요. 이는 부리 끝까지 신경이 지나서 아주 민감하기 때문이에요.

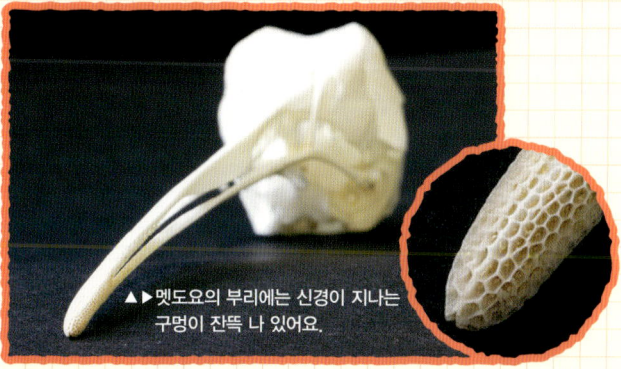
▲▶멧도요의 부리에는 신경이 지나는 구멍이 잔뜩 나 있어요.

새의 귀

새의 귓구멍은 보통 깃털로 덮여 보이지 않지만, 소리를 듣는 능력도 우수해요. 예를 들면 큰 무리를 이루고 번식하는 바닷새는 울음소리를 듣고 구분하는 능력이 있어, 수많은 새가 있더라도 헤매지 않고 부모나 자식을 찾을 수 있어요. 또 북방올빼미는 좌우 귓구멍의 높이가 달라요. 그 차이를 이용해서 먹잇감의 위치를 정확하게 재고, 어둠 속에서도 잡을 수 있어요.

▲캘리포니아콘도르는 머리에 깃털이 없어서 귓구멍이 보여요.

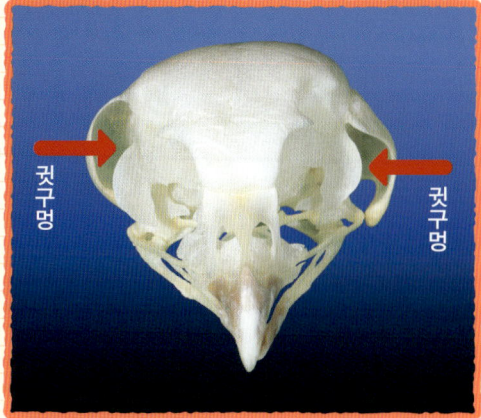
▲좌우 귓구멍의 높이가 다른 북방올빼미의 머리뼈.

두견과

가와카미 박사의 포인트!

두견류와 뻐꾸기류는 스스로 새끼를 기르지 않고 다른 새의 둥지에 알을 낳는 '탁란'을 하는 새로 유명해요. 뻐꾸기, 벙어리뻐꾸기, 두견, 매사촌은 탁란성이고 새끼를 기르지 않아요. 제각기 알을 몰래 넣는 종(양부모)은 대개 정해져 있으며, 양부모의 빈 틈을 노려 둥지 안에 알 하나를 낳아요. 이때 원래 있던 알 한 개를 없애 버리죠. 또, 양부모가 낳은 알보다 빨리 부화하여 먼저 태어난 새끼는 다른 알을 둥지 밖으로 버려요. 이렇게 둥지를 독차지해 양부모에게 양육을 받는 작전이에요. 하지만 이러한 탁란 습성을 지닌 종은 전체 두견과 새 중 40%에 불과해요. 그 밖의 종은 스스로 둥지를 만들고 직접 새끼를 길러요.

▲ 다 자란 매사촌.

매사촌 🇰🇷

북부매사촌이라고도 하며, 한국에서는 보기 드문 여름새예요. 큰유리새, 쇠유리새 등에게 탁란해요. 새끼는 부모에게 먹이를 받을 때, 날개를 들고 노란 부분을 보여줘서 다른 새끼도 있다고 생각하게 만들어요. 이로써 더 많은 먹이를 얻으려고 해요.

🔴 약 32cm 🔵 곤충 🟠 한국, 일본, 동아시아(번식지), 동남아시아(월동지)

🔴 몸길이 🔵 먹이 🟠 분포 🇰🇷 한국에서 볼 수 있음

세가락도요 🇰🇷
모래사장을 달리며 먹이를 찾아요. 한국에서는 봄과 가을에 지나가는 나그네새이며, 월동하기도 해요. 뒤쪽에 난 발가락이 없어요.
🔴 약 21cm 🔵 곤충, 갑각류 🟠 캐나다, 러시아 등의 북극권(번식지), 전 세계 온대에서 열대 해안가(월동지)

도요새와 물떼새의 사냥 방법
도요새는 눈에 보이지 않는 물속이나 진흙 속의 먹이를 부리로 더듬어 찾으면서 잡아요. 그래서 부리가 길고 가는 종이 많죠. 한편, 물떼새는 '걷다가 멈추기'를 반복하면서 눈으로 보고 먹이를 찾아요. 그래서 물떼새의 눈은 아주 커요.

넓적부리도요 🇰🇷
주걱 같은 부리를 물속에 넣고 좌우로 흔들어 먹이를 찾아요. 멸종이 우려되며, 최근에는 전 세계에 성조가 240~620마리밖에 남지 않았다고 여겨져요.
🔴 14~16cm 🔵 곤충, 수생동물 🟠 러시아 추크치반도(번식지), 동남아시아, 인도(월동지), 일본

좀도요 🇰🇷
참새 정도 크기의 작은 도요새예요. 한국에서는 봄, 가을 시기에 왔다 가는 나그네새예요.
🔴 13~16cm 🔵 갑각류, 곤충 🟠 시베리아 북동부, 알래스카 북부와 서부 일부(번식지), 동남아시아, 오스트레일리아(월동지), 한국, 일본

붉은발도요
한국에서는 드물게 볼 수 있는 나그네새예요. 다리와 부리가 붉은색이에요.
- 27~29cm
- 곤충, 갑각류
- 일본, 유라시아 대륙(번식지), 동남아시아에서 아프리카에 걸친 해안가(월동지)

노랑발도요
개펄과 논 등에서 게와 곤충을 사냥해요. 한국에서는 봄과 가을에 흔히 볼 수 있는 나그네새예요.
- 23~27cm
- 곤충, 게
- 시베리아 북동부(번식지), 동남아시아, 뉴기니섬, 오스트레일리아(월동지), 한국, 일본

청다리도요
한국에서는 봄과 가을에 지나가는 나그네새예요. '쀼쀼쀼' 하는 소리로 우는 것이 특징이에요.
- 30~35cm
- 곤충, 갑각류
- 유라시아 대륙(번식지), 동남아시아, 아프리카, 오스트레일리아(월동지), 한국, 일본

학도요
여름 깃은 온몸이 새카맣지만, 번식기가 끝나면 수수한 회갈색으로 변해요. 사진은 번식지에서 영역을 주장하기 위해 울고 있는 수컷이에요.
- 29~32cm
- 수생동물
- 유라시아 대륙 북부(번식지), 아프리카, 인도, 동남아시아(월동지), 한국, 일본

삑삑도요
한국에서는 나그네새이자 겨울새예요. 개펄에 있는 일은 거의 없고, 논과 하천에서 주로 관찰되는 도요새예요.
- 21~24cm
- 수생곤충, 곤충
- 유라시아 대륙(번식지), 한국, 일본, 동남아시아, 아프리카(월동지)

▲ 급강하하는 큰깍도요.

깍도요
한국의 나그네새이자 겨울새예요. 논과 강, 연못 등에 서식해요. 🟥 25~27cm 🟦 토양 생물, 곤충 🟧 유라시아 대륙, 북아메리카(번식지), 한국, 일본, 남아메리카, 아프리카 남부, 동남아시아(월동지)

큰깍도요
번식지가 거의 일본에만 있는 귀중한 도요새예요. 큰 소리로 울면서 날고, 급강하할 때 꽁지깃을 울려 영역을 주장해요. 한국에서는 희귀한 나그네새예요. 🟥 23~33cm 🟦 지렁이 등의 토양 생물 🟧 일본(번식지), 오스트레일리아(월동지)

도요목
제비물떼새과

🚩 **가와카미 박사의 포인트!** 제비물떼새과의 새는 건조한 지역에 서식해요. 물떼새와 가까운 친척이지만, 제비와 비슷한 모습이죠. 이는 제비와 마찬가지로 하늘을 나는 것이 특기이기 때문이에요. 아주 빠른 속도로 휙휙 날아다니곤 해요.

제비물떼새
주로 중국의 건조한 지역에 서식해요. 한국에서는 작은 무리를 이루어 지나가는 나그네새예요. 🟥 약 24cm 🟦 곤충 🟧 일본, 중국, 인도, 동남아시아, 오스트레일리아

크림컬러드코서
사막에 서식해요. 지면을 재빠르게 달려 돌아다니며 곤충 등을 찾아서 먹어요. 🟥 19~22cm 🟦 곤충 🟧 인도, 서아시아, 북아프리카

아하! 가와카미 박사의 심층 칼럼 ❹

새의 알

새는 알을 낳아 번식해요. 알이라고 하면 하얗거나 갈색이며 둥글다고 생각할 수도 있겠지만, 그건 닭의 알이에요. 새알은 종에 따라 색과 모양이 다양하죠. 또 낳는 알의 개수도 종에 따라서 달라요. 여기서는 이런저런 새알의 비밀을 소개할게요.

알 모양의 수수께끼

새의 알은 왜 대체로 타원형이고 한쪽이 뾰족한 모양일까요? 이전에는 '알이 둥지에서 굴러떨어지지 않도록 그런 모양이 되었다. 만약 알이 굴러도 뾰족한 부분을 중심으로 좁은 범위를 빙글 돌기 때문에 둥지에서 떨어지지 않게 된다'라는 생각이 유력했어요. 하지만 최근에는 알의 형태는 낳는 수나 환경 요인, 둥지의 특징뿐만 아니라 비행 능력과도 관계가 있으리라고 여겨져요.

▶ '떨어질 위험이 큰 절벽에 둥지가 있으므로 바다오리의 알은 서양배 같은 모양'이라는 설이 유력했어요. 최근에는 '새가 더 높은 비행 능력을 획득하도록 진화했는데, 그 과정에서 알도 긴 타원형으로 진화했을 가능성이 있다'라고 생각하는 연구자도 있어요.

▲ 절벽에 있는 둥지에 알 하나를 낳는 바다오리.

알껍데기의 비밀

새의 알은 단단한 껍질로 둘러싸여 있어요. 껍질은 건조 현상으로부터 내용물을 보호하며, 해로운 박테리아 등의 침입을 막는 역할을 해요. 새의 알껍데기는 깨지기 쉬워 보이지만, 생물의 알 중에서 가장 단단해요. 특히 타조의 알은 껍질의 두께가 2mm에 달하며 아주 단단하고 견고해요. 이는 어미 새가 알을 덥힐 때 100kg을 넘는 몸무게로 눌러도 부서지지 않게 하기 위해서예요. 껍질은 탄산 칼슘으로 이루어져 있어서 식초에 담그면 녹아 사라져요.

낳는 알의 개수

새가 한 번에 낳는 알의 개수는 대개 종에 따라 정해져 있어요. 알바트로스류는 1개, 박새는 7~10개, 가장 많이 낳는다고 하는 유럽자고새는 25개를 낳아요. 수는 대체 왜 정해져 있을까요? 그 이유에 대해서는 '부모가 기를 수 있는 새끼의 수'라든지 '덥힐 수 있는 알의 수' 등 다양한 설이 있어요. 하지만 새에게는 알 하나만 남기고 다음으로 낳는 알은 몰래 가져가면 자꾸만 낳는 습성이 있어요. 닭이 매일같이 알을 낳는 것은 이러한 습성을 이용하기 때문이에요.

▲ 사람이 올라타도 깨지지 않는 타조의 알.

▶ 식초로 껍질이 녹은 닭의 알. 안에 있는 노른자가 비쳐 보여요.

▲ 검은눈썹알바트로스는 하나의 알만 낳아요.

▶ 박새는 알을 열 개도 낳아요.

알의 색

새의 알은 하얀색, 갈색뿐만 아니라 다양한 색과 무늬를 띠어요. 하얀색은 눈에 띄어 적에게 잡아먹히기 때문에 눈에 띄지 않도록 색과 무늬가 생겼다고 여겨져요. 하지만, 개중에는 왜 그러한 색인지 알 수 없는 알도 있어요.

❶ 풀과 색이 똑 닮은 검은가슴물떼새의 알.
❷ 초콜릿색을 띠는 섬휘파람새의 알.
❸ 에뮤의 알은 처음에는 짙은 녹색이지만 점점 거뭇해지며, 마지막에는 하얘져요. 왜 색이 바뀌는지는 알려지지 않았어요.
❹ 송장까마귀의 알 색은 에메랄드그린이에요. 나뭇잎 사이로 들어오는 햇빛 아래에서 눈에 띄지 않아요.

커다란 알, 작은 알

새의 알 중 가장 큰 것은 타조의 알이에요. 사진의 알은 긴반지름 17.5cm × 짧은반지름 14.5cm, 무게는 1.6kg에 달해요. 가장 작은 알은 긴반지름 1.1cm × 짧은반지름 0.8cm, 무게는 0.3g밖에 되지 않는 꿀벌벌새의 알이에요.

실물 크기

◀ 리볼리벌새의 둥지와 작은 알.

◀ 조류 최대인 타조의 알.

갈매기과 제비갈매기류

도요목

도요목 갈매기과/제비갈매기류

🔖 **가와카미 박사의 포인트!** 길고 가는 날개에 늘씬한 체형을 지닌 새들이 상공에서 물고기를 노리고 급강하! 제비갈매기의 사냥 방법은 마치 다이빙 같아요. 하지만 개중에는 낮게 날면서 물고기를 부리로 집어 잡는 종도 있죠. 대체로 무인도에서 큰 집단을 이루고 새끼를 길러요. 지면에 둥지가 있으므로, 알은 지면의 색과 비슷해요.

검은등제비갈매기
외양성이에요. 육지에서 수백 km 떨어진 먼바다까지 먹이를 찾으러 나가요. 배경 사진은 큰 집단을 이루고 번식하는 검은등제비갈매기의 모습이에요. 📏 36~45cm
🐟 물고기, 오징어   🌍 전 세계 열대·아열대 섬

🔴 몸길이   🔵 먹이   🟡 분포   🇰🇷 한국에서 볼 수 있음

검은집게제비갈매기
아래쪽 부리를 물에 넣고 수면을 스치듯 날다가 부리에 닿은 물고기를 재빠르게 잡아요. 그 탓에 목 근육이 굉장히 발달되어 있어요. 주로 저녁에서 밤에 활동해요. 밤에는 작은 물고기가 수면 근처까지 올라와 잡기 쉬워지기 때문이에요.
- 🟥 41~46cm 🟦 물고기, 새우 🟧 북아메리카 남부, 남아메리카

제비갈매기 🇰🇷
봄과 가을, 두 번 이동하며, 도중에 드물게 한국에서도 관찰돼요. 쇠제비갈매기 무리에 섞여 있는 경우가 많아요.
- 🟥 32~39cm 🟦 물고기 🟧 유라시아 대륙, 북아메리카(번식지), 동남아시아, 남아메리카, 아프리카, 오스트레일리아(월동지), 한국, 일본

쇠제비갈매기 🇰🇷
한국에서 번식하는 여름새예요. 모래사장, 하천, 매립지 등에서 집단으로 번식하지만, 최근에 수가 많이 줄었어요.
- 🟥 22~28cm 🟦 물고기 🟧 한국, 일본, 유라시아 대륙(번식지), 동남아시아, 오스트레일리아, 아프리카(월동지)

긴꼬리제비갈매기
한국에서는 미조예요. 일본 아리아케해와 아마미오섬 이남의 섬에서 번식해요.
- 🟥 35~43cm 🟦 물고기 🟧 일본, 북아메리카 동안, 영국, 동남아시아, 오세아니아, 아프리카

검정제비갈매기
물고기 외에 오징어도 먹어요. 일본의 오가사와라 제도, 사키시마 제도 등지에서는 집단으로 번식해요.
- 🟥 38~45cm 🟦 물고기, 오징어 🟧 전 세계 열대·아열대 섬

블랙냅트턴
일본 아마미오섬 이남의 섬이 번식지 중 하나예요. 검은눈썹제비갈매기라고도 해요.
- 🟥 34~35cm 🟦 물고기 🟧 일본, 인도양, 태평양의 섬

도요목
갈매기과 갈매기류

가와카미 박사의 포인트!

갈매기는 바닷새의 대표예요! 종 대부분이 해안 근처에 서식하면서도 넓은 바다 한복판에서는 잘 발견되지 않아요. 또 내륙의 호수나 강에 서식하는 종도 있죠. 길고 가는 날개로 능숙하게 날고, 수면이나 물가에 있는 먹이를 찾아요. 주식은 물고기지만, 동물의 사체와 쓰레기까지 뭐든 먹어요. 다른 새의 먹이를 가로채거나 알과 새끼를 잡는 경우도 많아요. 번식지에서는 식물의 열매를 먹기도 해요.

웃는갈매기
아메리카 대륙에 서식하는 새예요. 울음소리가 사람이 웃는 소리처럼 들려서 이러한 이름이 붙여졌어요.
- 39~46cm ■ 물고기, 갑각류, 곤충
- 북아메리카 남부, 중앙아메리카, 남아메리카 북부

붉은부리갈매기
한국에는 겨울새로 찾아와요. 머리가 여름 깃 때는 까맣고, 겨울 깃 때는 하얘져요.
- 37~43cm ■ 물고기, 갑각류, 동물의 사체 ■ 한국, 일본, 유라시아 대륙, 아프리카, 북아메리카 동안

▲여름 깃인 붉은부리갈매기.

▶겨울 깃인 붉은부리갈매기.

■ 몸길이 ■ 먹이 ■ 분포 ■ 한국에서 볼 수 있음

괭이갈매기 🇰🇷
한국의 해안가에서 볼 수 있는 텃새예요. 홍도를 비롯한 집단 번식지가 있어요. 울음소리가 고양이와 비슷해요.
🟥 44~47cm 🟦 물고기, 동물의 사체
🟧 한국, 일본, 중국 동부, 대만

갈매기 🇰🇷
한국에서 월동하는 겨울새예요. 개체 수는 그리 많지 않아요. 외국에서는 바다에서 멀리 떨어진 내륙에 서식하기도 해요.
🟥 40~46cm 🟦 물고기, 갑각류, 동물의 사체, 곤충 🟧 북반구

재갈매기 🇰🇷
극동 러시아의 북극해 연안에서 번식해요. 한국에는 월동하러 찾아오는 겨울새예요. 🟥 55~67cm 🟦 물고기, 동물의 사체 🟧 극동 러시아, 동아시아

큰재갈매기 🇰🇷
한국에 월동하러 오는 겨울새예요. 주로 항구와 해안가에 무리 지어 있어요. 조개를 하늘에서 떨어뜨려 깨 먹기도 해요.
🟥 55~67cm 🟦 물고기, 갑각류, 동물의 사체
🟧 한국, 일본, 러시아

세가락갈매기 🇰🇷
먼바다에 서식하는 갈매기예요. 개체 수는 적은 편이에요. 한국에서는 드물게 보이는 겨울새예요. 🟥 38~40cm 🟦 갑각류, 물고기 🟧 태평양, 대서양, 북극해

도요목
도둑갈매기과

가와카미 박사의 포인트! 이름처럼 도둑 같은 새예요! 다른 새를 쫓아가 먹이를 토하게 하거나, 펭귄과 바닷새의 집단 서식지 주변에서 알, 새끼를 노려요. 또한, 스스로 지렁이 등을 잡기도 해요. 북극과 남극 주변에 서식하는 종이 많아요.

도요목 도둑갈매기과, 바다오리과

브라운스큐어
남극 주변의 섬에 서식하는 펭귄이나 알바트로스의 집단 서식지에서 알과 새끼를 노려요. 죽은 동물의 고기도 섭취해요. 🟥 52~64cm 🟦 새끼 새와 알, 동물의 시체 🟧 남극 주변의 섬

넓적꼬리도둑갈매기 🇰🇷
북극권에 번식하며, 남극 근처 바다에서 월동해요. 한국에서는 보기 드문 나그네새예요. 🟥 53~56cm 🟦 새끼 새와 알, 쥐 🟧 북극권, 남반구, 한국, 일본

긴꼬리도둑갈매기
한국에서는 미조에 가까워요. 사진은 둥지에 접근한 사람을 위협하며 머리에 앉은 모습이에요.
🟥 53~58cm 🟦 새의 알, 쥐, 물고기 🟧 북극권, 남반구, 일본

🟥 몸길이 🟦 먹이 🟧 분포 🇰🇷 한국에서 볼 수 있음

바다오리과

도요목

가와카미 박사의 포인트! 바다오리과는 잠수가 특기예요! 물속에서 날개를 퍼덕이듯 헤엄쳐 220m 깊이까지 잠수한 기록이 있어요. 물론 날 수도 있으며 상당한 속도로 직선 비행을 해요. 모든 종이 북반구의 온대 지역에서 북쪽 바다에 분포하고 있어요. 해안 근처의 바위 터나 초원에서 집단으로 새끼를 기르고, 때로는 몇십만 마리의 큰 집단을 이루기도 해요.

뿔쇠오리 🇰🇷

일본 주변에만 서식하는 귀중한 바다오리예요. 한국에도 드물게 분포하고 있으며, 천연기념물이에요. 바다오리과 중 가장 남쪽에 서식해요. 그림은 무인도의 바위 터 틈에서 새끼를 기르고 있는 모습이에요.
- 약 26cm / 동물 플랑크톤, 물고기
- 한국, 일본

헤엄으로 일본을 일주하는 뿔쇠오리

일본 후쿠오카현 에보시섬에서 번식한 뿔쇠오리에게 지오로케이터라는 소형 추적 기기를 붙여 봤어요. 그러자 약 9개월 걸려 지도처럼 일본을 헤엄쳐 일주하고 있었다는 사실이 드러났죠. 그 거리는 2만 1,500km에 달해요.

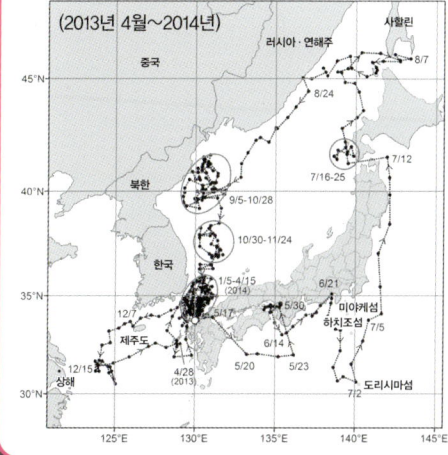

에보시섬 뿔쇠오리의 이동 예시 (2013년 4월~2014년)

도요목
바다오리과

●아하! 가와카미 박사의 심층 칼럼 ❺ 새의 무기

잠 수 한 다

날 다

바다오리 🇰🇷
한국에 드물게 찾아오는 겨울새예요. 북한에서는 번식해요. 외국에는 수만 마리의 큰 번식지가 있어요. 🔴38~43cm
🔵물고기 🟠북태평양, 북대서양

알락쇠오리 🇰🇷
(Brachyramphus marmoratus)
바다오리과 중에서는 드물게 삼림의 나무에 둥지를 틀어요. 한국에서는 겨울에 종종 나타나요.
🔴24~26cm 🔵갑각류, 물고기
🟠서알류샨 열도에서 아메리카 서해안

흰눈썹바다오리 🇰🇷
한국에서 월동하는 겨울새예요. 바다 위에서 생활하기 때문에 흔히 관찰하기는 어려워요. 🔴약 38cm
🔵물고기 🟠한국, 일본 주변, 오호츠크해 주변

댕기바다오리
한국에서는 거의 발견되지 않는 새예요. 일본 홋카이도에서 번식하지만, 현재는 극히 소수만이 남아 있다고 해요.
🔴36~41cm 🔵물고기, 갑각류
🟠북태평양

흰수염바다오리 🇰🇷
한국에서 볼 수 있는 겨울새예요. 일본 홋카이도에 큰 번식지가 있어요. 초원에 구멍을 파고 새끼를 길러요. 🔴35~38cm 🔵물고기 🟠북태평양

아하! 가와카미 박사의 심층 칼럼 ⑤

새의 무기

새는 얌전한 듯 보이지만, 때때로 싸우기도 해요. 암컷이나 먹이를 둘러싸고 쟁탈할 때, 영역을 다른 수컷으로부터 지킬 때, 적으로부터 몸을 지킬 때 등이면 싸우는데, 이때 다양한 무기를 사용하죠. 개중에는 독을 지닌 새까지 있어요. 그럼, 새의 독특한 무기를 감상해 볼까요?

다리와 부리로 싸운다

많은 새가 다리나 부리를 무기로 사용해요. 다리가 탄탄한 새는 날카로운 발톱으로 공격하거나 걷어차죠. 특히, 꿩과 새에게는 다리에 '며느리발톱'이라는 특수한 돌기가 있기도 한데, 싸울 때 사용해요. 다리가 짧거나 별로 탄탄하지 않은 새는 부리로 쪼거나 물어뜯는 식으로 공격해요.

▼ 부리로 서로 물어뜯는 재갈매기.

▲ 참수리는 날카로운 부리를 지녔지만, 싸울 때는 예리한 발톱이 있는 다리로 공격해요. 위쪽은 어린 새이고, 아래쪽은 다 자란 새예요.

▲ 견고한 다리로 싸우는 쇠물닭.

▲ 닭에게 있는 '며느리발톱'

날개로 때린다

고니, 기러기와 같은 커다란 새의 무기는 날개예요. 날개로 때리듯이 상대를 내리치죠. 큰고니처럼 큰 새는 날개를 칠 때의 힘도 세서 굉장한 위력이에요.

▶ 큰고니가 날개로 때리며 싸우고 있어요.

몸에 독을 지닌다

독을 지닌 새는 몇 종밖에 없으며, 특히 뉴기니섬에 서식하는 두건피토휘가 유명해요. 두건피토휘의 깃털과 근육 등에는 독이 있어요. 사람이 손으로 만지면 타는 듯한 고통이 일죠. 이는 적에게 먹히지 않기 위한 무기로서, 화려한 깃털 색은 자신이 독을 지녔다는 사실을 알리는 효과가 있다고 여겨져요. 독성분을 지닌 풍뎅이류를 먹고 몸에 독을 축적해요.

뱀눈새목

카구과

🔖 **가와카미 박사의 포인트!**

뉴칼레도니아 그랑드테르섬의 숲에 단 1종만이 서식해요. 날개가 있지만, 날갯짓에 필요한 근육이 발달하지 않아서 거의 날지 못해요. 분류가 정해져 있지 않아 이전에는 두루미와 가깝다고 여겨졌어요. 청회색 몸은 숲에 서식하는 새 중에서는 아주 희귀해요. 콧구멍에 뚜껑이 있어 여닫을 수 있어요. 이는 카구에게만 있는 구조예요.

카구
적이 가까이 오면 날개의 줄무늬 모양을 보여 주며 위협해요. '멍멍' 하고 강아지 같은 소리로 울어요. 🔴 약 55cm
🔵 토양 생물 🟠 뉴칼레도니아(그랑드테르섬)

뱀눈새목

뱀눈새과

🔖 **가와카미 박사의 포인트!**

뱀눈새과의 새는 중앙아메리카에서 남아메리카 북부에 서식하는 뱀눈새 1종뿐이에요. 열대 우림을 가로지르는 강이나 늪 위에 뻗은 가지에 둥지를 틀어요. 평소에는 물가에서 개구리나 도마뱀 등을 찾으며, 적이 다가오면 나뭇가지 위로 날아 도망쳐요.

뱀눈새
적이 둥지에 가까이 오면 알이나 새끼를 지키기 위해 날개를 펼치고 문양을 보여 위협해요. 마치 뱀의 눈 같은 문양이어서 이러한 이름이 붙었어요. 🔴 43~48cm
🔵 수생동물 🟠 중앙아메리카, 남아메리카

열대새목
열대새과

🔆 **가와카미 박사의 포인트!** 이름대로 열대 지방과 아열대 지방에 서식하는 바닷새예요. 쭉 뻗은 기다란 꽁지깃이 특징이에요. 평소에는 계속 바다 위에 있다가, 번식할 때만 섬에 올라오기 때문에 잘 걷지는 못해요. 비행을 아주 잘 하며, 날갯짓하면서 공중에서 멈춘 뒤 물속에 뛰어들어 날치와 오징어를 사냥해요. 뛰어들 때의 충격을 줄이기 위해 깃털 밑에 공기층이 있어요. 예전에는 사다새류에 포함됐지만, 현재의 분류상 열대새라는 과로 독립했어요.

붉은꼬리열대새
일본에서 번식하고 새끼를 기르는 유일한 열대새예요. 부리와 꼬리가 붉어요. 🔴 78~81cm 🔵 물고기, 오징어 🟠 태평양, 인도양

흰꼬리열대새
흰 꽁지깃이 특징인 열대새예요. 부리는 황색이에요. 🔴 70~82cm 🔵 물고기, 오징어 🟠 태평양, 인도양, 대서양

붉은부리열대새
열대새 중에서 가장 큰 새예요. 꽁지깃의 길이가 50cm 이상에 달해요. 🔴 90~105cm 🔵 물고기, 오징어 🟠 인도양, 홍해, 대서양, 태평양 동부의 일부 지역

아비목
아비과

아비목 아비과

가와카미 박사의 포인트!

바닷새인 아비류는 잠수가 특기예요! 75m 깊이까지 잠수한 기록이 있고, 잠수하기에 적합한 몸을 지녔어요. 예를 들면 다리가 몸의 뒤쪽에 있어서, 물을 저어 앞으로 나아가는 데 효율적이죠. 하지만 이런 몸은 육지에서 자유롭게 움직일 수 없으므로 알을 덥힐 때 이외에는 좀처럼 육지로 올라오지 않아요. 번식지는 북쪽 추운 지방의 늪과 호수이며, 깃털 무늬가 아름다워요. 겨울이 되면 온대 해안가로 월동하러 이동하고, 아름다웠던 깃털은 수수한 색으로 바뀌어요.

큰회색머리아비
여름에는 유라시아 대륙 북부의 호수에서 번식하고, 겨울에는 유럽과 동아시아 연안에서 월동해요.
● 약 72cm ● 물고기 ● 한국, 일본, 유라시아 대륙

아비는 육상에서 어떻게 이동할까?
아비는 땅 위에서 몸을 잘 못 일으켜요. 따라서 사진처럼 가슴을 지면에 붙이고 이동하는 경우가 많아요.

검은부리아비
여름에는 북아메리카와 그린란드의 호수에서 번식하고, 겨울에는 북아메리카와 유럽 연안의 바다에서 월동해요. ● 약 72cm
● 물고기 ● 북아메리카, 유럽

부모 새의 등에 올라타 이동하는 새끼 검은부리아비.

● 몸길이 ● 먹이 ● 분포 ● 한국에서 볼 수 있음

회색머리아비 🇰🇷
여름에는 주로 알래스카나 캐나다 북부 호수에서 번식하고, 겨울은 북태평양 연안에서 월동해요. 🔴 약 65cm 🔵 물고기 🟠 한국, 일본, 북아메리카, 유라시아 대륙 동부

아비 🇰🇷
여름 깃일 때는 목이 갈색으로 변해요. 부리가 조금 위로 솟아 있는 것도 특징이에요.
🔴 약 63cm 🔵 물고기
🟠 북반구

▲겨울 깃 상태인 검은부리아비. 여름 깃에 비해 수수한 색이에요.

펭귄목
펭귄과

가와카미 박사의 포인트! 펭귄은 새 중에 가장 탁월한 잠수 능력을 지녔어요. 날개는 판처럼 납작하며, 물속에서 날갯짓하듯 위아래로 움직여 나아가요. 유선형 몸은 물의 저항을 적게 받고, 무거운 몸무게는 깊은 잠수에 유리해요. 하지만 이러한 몸 구조로 하늘을 날 수는 없죠. 펭귄은 하늘을 나는 것을 포기하고, 물속에서 보내는 생활에 중점을 두고 진화한 새예요.

황제펭귄
가장 큰 펭귄이에요. 새끼는 한겨울에 남극 대륙에서 기르며, 번식지는 가장 추운 장소에 있어요. 564m 깊이까지 잠수했다는 기록이 있어요.
- 112~115cm
- 물고기, 갑각류
- 남극 대륙

남부바위뛰기펭귄
양다리를 모아 바위 위를 뛰어오르며 이동하는 모습에서 이러한 이름이 붙여졌어요. 머리에 눈에 띄는 장식깃이 나 있어요.
- 55~62cm
- 갑각류
- 칠레, 아르헨티나 남부 연안, 포클랜드 제도, 아남극 인도양이나 뉴질랜드 근해의 섬들

몸길이 · 먹이 · 분포 · 한국에서 볼 수 있음

남극권에 가까운 사우스조지아섬에 있는 킹펭귄의 거대 번식지.

훔볼트펭귄
남아메리카 서부 페루에서 칠레에 걸친 연안부에서 번식해요. 동물원에서 많이 기르는 펭귄이에요. 🔴 65~70cm 🔵 물고기, 오징어 🟠 남아메리카 서부

턱끈펭귄
얼굴에 턱 끈을 붙인 듯한 재미있는 무늬가 있어요. 🔴 68~77cm 🔵 갑각류, 물고기 🟠 남극 대륙과 그 주변의 섬

갈라파고스펭귄
적도 바로 아래의 갈라파고스 제도에 서식해요. 가장 더운 지역에 사는 종이며, 깃털의 길이가 펭귄 중에서 가장 짧아요.
🔴 48~53cm 🔵 물고기 🟠 갈라파고스 제도

킹펭귄
남극 주변 섬에서 거대한 집단을 이루고 번식해요. 큰 무리는 60만 마리에 달했다는 기록이 있어요.
🔴 약 95cm 🔵 물고기 🟠 남극해의 섬

펭귄목 펭귄과

아델리펭귄
눈 주변의 흰 테두리가 특징인 펭귄이에요. 남극 대륙과 주변의 섬에서 번식해요. 🟥 약 70cm 🟦 갑각류, 물고기 🟧 남극 대륙과 주변의 섬

쇠푸른펭귄
가장 작은 펭귄이에요. 몸이 작으므로 천적이 없는 밤에 육지로 올라와요.
🟥 40~45cm 🟦 물고기
🟧 오스트레일리아 남부, 뉴질랜드

스네어스펭귄
뉴질랜드 남쪽으로 약 200km 거리에 있는 스네어스 제도에서 번식해요. 해안에서 떨어진 숲속에서 새끼를 길러요.
🟥 56~73cm 🟦 갑각류 🟧 스네어스 제도

🟥 몸길이 🟦 먹이 🟧 분포 🇰🇷 한국에서 볼 수 있음

자카스펭귄

아프리카 남부 해안에서 번식하고 있어요. 마을 거리에 모습을 드러내기도 해요. 🟥 68~70cm 🟦 물고기 🟧 아프리카 남부

젠투펭귄

펭귄 중에서 세 번째로 큰 종이에요. 매우 빠르게 헤엄쳐요. 🟥 76~81cm 🟦 갑각류, 물고기 🟧 남극반도와 주변의 섬

숲의 펭귄

펭귄은 남극의 빙하 위에 있다는 인식이 강하지만, 스네어스펭귄이 새끼를 기르는 곳은 해안가에서 떨어진 숲속이에요. 노토파구스와 같은 수목의 뿌리나 구멍에 둥지를 만들죠. 숲속에서는 알이나 새끼가 천적인 남극도둑갈매기 등에게 잘 들키지 않아요. 알이 부화하기에 최적인 온도와 습도가 유지되는 장점도 있죠. 그래서 일부러 바다에서 멀리 떨어진 숲속에서 새끼를 기르는 거예요. 예전에는 펭귄 대다수가 숲속에서 새끼를 양육했다는 설도 있어요.

가와카미 박사의 심층 칼럼 ❻
새의 무리

수만 마리에 달하는 새의 무리를 본 적 있나요? 무리를 짓는 것은 새의 큰 특징이에요. 무리의 규모는 가족 몇 마리만으로 구성된 것부터, 때로는 몇 천, 몇만 마리의 깜짝 놀랄 만한 수로 이루어지기도 해요. 무리는 대부분 같은 종이 모여 있지만, 다른 종이 섞여 있는 일도 있어요. 평소에는 단독으로 행동하는 종이더라도 이동할 때나 잘 때는 무리에 속하는 경우가 많아요. 또, 먹잇감을 잡을 때나 새끼를 기를 때 무리를 이루는 종도 있죠. 새들은 왜 무리를 짓는 걸까요? 그건 기본적으로 혼자보다 다수인 쪽이 안전하기 때문이에요. 그 밖에도 새가 무리를 이루는 이유가 몇 가지 있으니, 지금부터 소개할게요.

적에게 잘 공격당하지 않는다

무리를 이루면 적이 노리는 새가 자신 이외에도 수없이 많아져요. 수가 많으면 많을수록 자신이 노려질 위험은 줄어요.

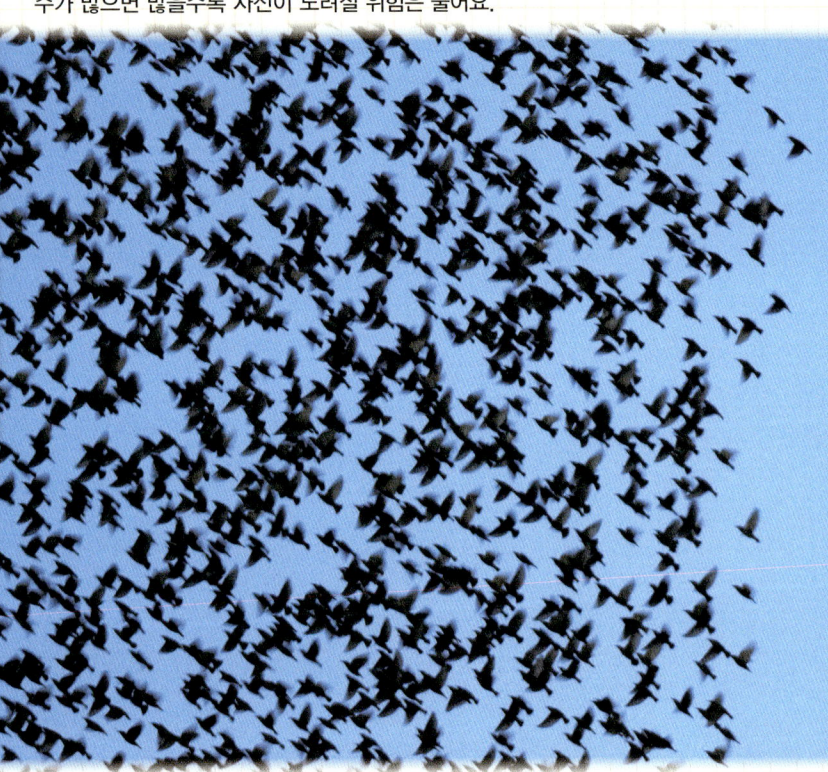

▲흰점찌르레기 무리를 노리는 매.

적이 접근하면 빠르게 알 수 있다

자신은 적의 접근을 몰라도 무리의 다른 새가 눈치채기 때문에, 혼자 있을 때보다 빨리 위험을 감지하고 도망칠 수 있어요. 특히 휴식 중이거나 잘 때는 적이 다가와도 알아채기 어려워서 많은 새가 무리를 지어요.

나무 위에서 무리를 짓고 잠든 백할미새.

적을 쫓아낼 수 있다

새 중에는 큰 집단을 이루어 새끼를 양육하는 종이 많아요. 큰 집단은 역으로 눈에 띄어서 적에게 발견되기 쉽다는 단점이 있죠. 하지만 집단으로 적을 공격해 쫓아내는 것도 가능해요.

▲둥지에 다가온 왜가리를 쫓아내는 뒷부리장다리물떼새.

먹이를 구하기 쉬워진다

무리의 새들이 일제히 행동해 물고기를 몰아넣는 등, 서로가 협력함으로써 더 많은 먹이를 얻을 수 있어요. 또한, 다른 새의 위협에 놀라 튀어나온 곤충을 붙잡는 등, 혼자서는 찾기 어려운 먹잇감도 무리 지어 찾으면 발견하기도 해요.

▲아메리카흰사다새는 무리 지어 효율적으로 물고기를 사냥해요.

날 때 덜 지친다

기러기, 고니, 두루미 등의 커다란 새는 V자 모양의 열을 이루고 비행할 때가 많아요. 비행하는 새의 뒤쪽 사선은 공기의 소용돌이가 생겨 양력(하늘에 뜨는 힘)을 얻기 쉽기 때문이죠. 새는 각각 그 뒤쪽 사선에 위치함으로써 힘을 적게 들이고도 편하게 비행할 수 있어요.

▲V자 대형으로 비행하는 흰기러기.

결과적으로 모인 '무리'

먹잇감을 찾아 많은 새가 모여들고, 결과적으로 커다란 무리를 이루기도 해요. 하지만 이 경우 새가 제각기 먹이를 얻기 위해 모인 것뿐이고, 서로가 협력하지는 않기 때문에 '떼'를 지었다고 표현하며, 무리와는 구별해요.

▶대량으로 발생한 크릴을 먹으려고 모인 쇠부리슴새와 혹등고래.

알바트로스과

슴새목

🔸 **가와카미 박사의 포인트!**

날갯짓하지 않고, 글라이더처럼 날개를 펼치고 바람에 실려 유유히 나는 알바트로스(신천옹). 아주 큰 바닷새로, 가장 큰 종인 나그네알바트로스는 날개를 펼치면 그 길이가 3m 50cm를 넘기도 해요. 새끼에게 주는 먹이를 구하기 위해, 그 비행 능력을 활용하여 1,000km 이상 떨어진 바다까지 날아가는 일도 드물지 않아요. 또 수명은 30년 이상으로 아주 오래 살죠. 구애할 때는 유머러스한 몸동작으로 춤을 춰요. 종 대부분은 남반구에 분포하고 있어요.

검은눈썹알바트로스
눈 쪽에 있는 검은 선이 눈썹처럼 보여 이러한 이름이 붙여졌어요.
🔴 83~93cm 🔵 오징어, 물고기
🟠 남극 주변 해역

🔴 몸길이 🔵 먹이 🟠 분포 🇰🇷 한국에서 볼 수 있음

검은발알바트로스

다리뿐만이 아니라 온몸이 검은 새예요. 주로 일본과 하와이에서 번식해요. 🟥 68~74cm
🟦 물고기, 오징어 🟧 북태평양

레이산알바트로스

오가사와라 제도, 미드웨이 제도 등에서 번식하는 작은 알바트로스예요.
🟥 79~81cm 🟦 오징어, 물고기 🟧 북태평양

알바트로스

일본 이즈 제도의 도리시마, 센카쿠 열도가 주된 번식지예요. 오징어와 물고기를 해수면 가까이에서 사냥해요.
🟥 84~93cm
🟦 오징어, 물고기
🟧 북태평양

대서양노란코알바트로스

남대서양의 절해의 고도인 고프섬 또는 트리스탄다쿠냐섬에서 번식해요.
🟥 약 80cm
🟦 오징어, 물고기
🟧 남대서양

나그네알바트로스

남위 30~60도에 있는 남반구 섬들에서 번식해요. 펼친 날개의 길이가 조류 중에 가장 큰 3m 50cm에 달했다는 기록이 있어요.
🟥 107~135cm 🟦 오징어, 물고기
🟧 남극 주변의 해역

알바트로스가 '알바트로스'와 '센카쿠알바트로스'로?!

알바트로스는 지금까지 한 종이라고 생각됐어요. 하지만 이즈 제도의 도리시마에서 번식하는 개체(도리시마 타입)와 센카쿠 열도에서 번식하는 개체(센카쿠 타입)는 유전자의 형태가 다르다는 사실이 밝혀졌어요. 또, 도리시마 타입보다 센카쿠 타입 쪽의 부리가 더 길어요. 이러한 사실로 보아 가까운 미래에 알바트로스, 센카쿠알바트로스와 같은 두 종으로 분류가 나뉠지도 몰라요.

도리시마 타입 수컷

센카쿠 타입 수컷

바다제비과

슴새목

슴새목, 바다제비과, 남부바다제비과

가와카미 박사의 포인트! 바다제비라는 이름을 지녔지만, 실은 제비가 아니라 슴새에 가까운 소형 바닷새예요! 날개 모양이 제비와 비슷한 종이 많아 이러한 이름이 붙었어요. 번식기 이외에는 계속 바다 위에 있으므로, 배에 타지 않으면 보통은 볼 수 없어요. 후각이 매우 발달해서 냄새로 먹이를 찾는다고 여겨져요. 다리에는 물갈퀴가 있어 수면 가까이에서 채식하는 일이 많지만, 잠수도 할 수 있어요. 밤에도 활동하며 빛에 모이는 습성이 있어요. 번식지는 대부분 무인도이며, 구멍을 파 둥지를 틀어요.

검은바다제비(Oceanodroma matsudairae)
일본 오가사와라 제도의 미나미이오섬은 검은바다제비의 유일한 번식지예요. 그림은 밤이 되자 미나미이오섬에 있는 번식지로 돌아온 모습이에요.
- 약 25cm
- 동물 플랑크톤, 물고기, 오징어
- 북태평양 서부, 인도양

몸길이 먹이 분포 한국에서 볼 수 있음

트리스트럼바다제비(Oceanodroma tristrami)
부리가 튼튼한 바다제비예요. 일본에서는 이즈 제도와 오가사와라 제도에 번식해요. 🔴 약 25cm 🔵 물고기, 오징어, 동물 플랑크톤 🟧 북태평양 서부

흰허리바다제비의 울음소리
흰허리바다제비는 자기 울음소리의 반향을 이용해 지형이나 고도, 커다란 장해물을 파악할 수 있어요. 그 덕분에 주변이 어두워도 자유롭게 날아다닐 수 있어요.

흰허리바다제비
가장 큰 서식지는 캐나다 동부의 바칼리외(Baccalieu)섬이에요. 일본의 경우 다이코쿠섬, 산간섬 등에서 번식해요. 🔴 19~22cm 🔵 물고기, 오징어, 동물 플랑크톤 🟧 북태평양, 북대서양

슴새목
남부바다제비과

가와카미 박사의 포인트! 한때 바다제비과에 속해 있었지만, 남부바다제비과로 분리되었어요. 주로 남반구의 바다에 분포하는 바닷새이며 10종 정도가 알려져 있어요. 훨훨 날면서 긴 다리 끝을 수면에 붙이고, 바다 표면의 먹잇감을 집어 잡는 습성이 있어요. 섬에서 번식할 때 외에는 계속 넓은 바다 위에서 살아요.

엘리엇바다제비
(Oceanites gracilis)
남아메리카의 서해안 만에 서식해요. 날아다니면서 다리 끝을 물에 대고 먹잇감을 잡아요. 🔴 약 16cm 🔵 물고기, 갑각류 🟧 에콰도르, 페루, 칠레의 태평양 만

윌슨바다제비
훨훨 날면서 수면에 있는 동물 플랑크톤을 부리로 집어 먹어요. 🔴 15~19cm 🔵 동물 플랑크톤 🟧 일본, 남태평양, 대서양, 인도양

슴새과

슴새목 슴새과

가와카미 박사의 포인트! 슴새는 제가 가장 존경하는 새예요! 왜냐하면, 다른 새는 따라 할 수 없는 능력을 지닌 슈퍼 버드이기 때문이에요. 우선 비행 능력이 엄청나요. 길고 가는 날개로 거의 날갯짓하지 않고 하루에 몇백 km가 넘는 거리를 날죠. 잠수도 잘해서 먹잇감을 쫓아 60m 깊이까지 들어갈 수 있어요. 육상에서도 1m에 달하는 구멍을 파고 둥지를 만들어요. 육해공 모두에서 생활하는 새가 바로 슴새예요.

오가사와라슴새 (Puffinus bannermani)
번식지가 일본 오가사와라 제도의 미나미이오섬, 히가시섬에서만 발견됐어요. 슴새류 대부분이 육지와 멀리 떨어진 섬에서 집단으로 번식하고, 밤이 되면 둥지로 돌아와요.
● 27~33cm ● 물고기, 오징어
● 태평양

쇠부리슴새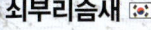

겨울에 오스트레일리아에서 번식하며, 여름은 알류샨 열도에서 보내요. 5월에서 6월 무렵에 한국을 통과하는 철새예요.
🟥 40~45cm 🟦 동물 플랑크톤, 물고기, 오징어
🟧 태평양

흰배슴새

일본 오가사와라 제도와 하와이 제도에서만 번식해요. 🟥 약 30cm 🟦 물고기, 오징어, 동물 플랑크톤 🟧 북태평양 중부·서부

습새 🇰🇷

한국의 도서 지역에서 넓게 번식해요. 울릉도, 제주도 등에 집단 번식지가 있어요.
🟥 약 48cm 🟦 물고기, 오징어 🟧 북태평양 서부

브라이언슴새(Puffinus bryani)

일시적으로 멸종했다는 우려가 있었지만, 2015년에 일본 오가사와라 제도의 히가시섬에 둥지를 틀었다는 사실이 알려졌어요.
🟥 27~30cm 🟦 동물 플랑크톤 등 🟧 일본 오가사와라 제도 주변의 바다

검은슴새

몸 전체가 어두운색인 슴새예요. 구멍을 파고 둥지를 만드는데, 바위틈을 둥지로 삼을 때도 있어요.
🟥 약 28cm 🟦 동물 플랑크톤, 물고기, 오징어
🟧 태평양, 대서양, 인도양의 적도 주변

북방풀머갈매기(Fulmarus glacialis)

이름에 갈매기가 들어가지만 슴새류예요. 해양 환경에서 미세 플라스틱을 섭취하는 경우가 많아요.
🟥 45~50cm 🟦 물고기, 오징어, 동물 플랑크톤
🟧 북태평양, 북대서양, 북극해

쐐기꼬리슴새

일본의 경우, 오가사와라 제도에 번식해요. 잠수가 특기예요. 🟥 38~46cm
🟦 물고기, 오징어 🟧 태평양, 인도양

짤막 지식 뉴질랜드와 오스트레일리아에서는 새끼 쇠부리슴새를 '머튼 버드(양고기 새)'라고 부르며, 원주민들이 식용으로 삼고 있어요.

아하! 가와카미 박사의 심층 칼럼 ❼

새의 이동

새 중에는 새끼를 기르는 장소와 겨울을 보내는 장소가 달라, 특정 계절이 되면 날아서 이동하는 종이 있어요. 새끼를 기르는 장소를 '번식지', 겨울을 나는 장소를 '월동지'라고 해요. 그 사이를 오가는 행위는 '이동'이라고 부르죠. 이동하는 이유는 계속 먹이가 많은 곳에 있고 싶기 때문이에요. 예를 들어 제비는 날아다니는 곤충을 먹는데, 추운 겨울에는 날고 있는 곤충이 거의 없어요. 하지만 남쪽의 따뜻한 지역으로 이동하면 곤충이 잔뜩 있죠. 그래서 제비는 가을이 되면 남쪽으로 이동해요. 새는 이동이라는 습성을 몸에 지니고 지구를 이리저리 오가며 살아가요.

등에 발신기를 붙인 고방오리.

이동을 조사한다

연구자들은 철새가 어디로 이동하는지에 대해 다양한 방법으로 조사했어요. 예로부터 새의 다리에 금속 발찌를 채워 방생하는 방법이 쓰여 왔죠. 하지만 이 방법으로는 방생한 장소와 발견한 장소는 알 수 있지만, 어느 장소를 거쳐 왔는지는 알 수 없다는 단점이 있어요. 현재는 인공위성을 활용한 기계로 새를 추적하는 방법이 쓰이고 있어요. 또한, 작은 새에게도 붙일 수 있는 소형 지오로케이터(기록 장치)도 개발되어 철새의 이동에 대한 해명이 진행되는 중이에요.

◎ 기록 장치의 진화와 작은 새의 이동

▶ 이 지오로케이터의 무게는 0.5g이지만, 최신형은 초경량인 0.3g이에요.

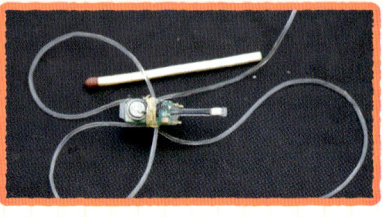

지오로케이터

아메리카솔새의 이동을 자세히 추적

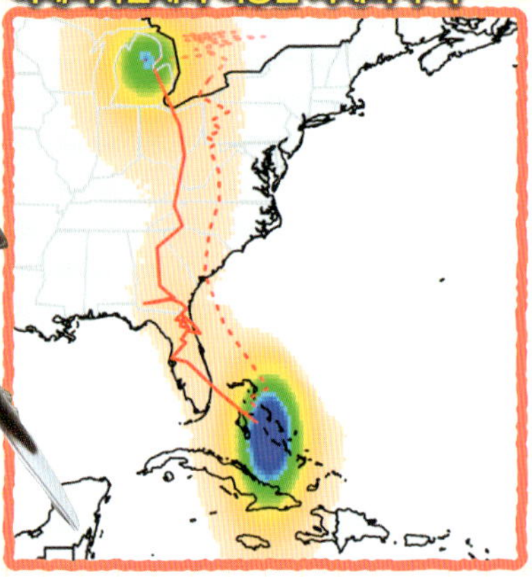

▶ 북아메리카의 희소한 새인 커틀랜드아메리카솔새예요. 월동지가 어디인지 명확히 알아보기 위해, 커틀랜드아메리카솔새 60마리에게 지오로케이터를 붙이고 놔 줬어요. 그 결과, 바하마의 한정된 섬에 월동지가 있다는 것이 판명됐어요. 새를 보전하는 데 큰 도움을 얻을 수 있었죠.

새의 등에 튀어나와 있는 것이 지오로케이터예요.

도판 / Journal of Avian Biology 48 / 209–219, 2017

여름새와 겨울새

봄에 번식을 위해 찾아오는 철새를 '여름새'라고 해요. 여름새는 국내에서 새끼를 기르고, 가을이 되면 따뜻한 남쪽 월동지로 이동하며 다음 봄이 되면 돌아와요. 또 가을에 월동하러 오는 철새를 '겨울새'라고 해요. 겨울새는 한국, 일본보다 북쪽에 있는 장소에서 번식해요. 이동할 때의 거리와 장소는 종에 따라 다양해요.

▲여름새인 황금새(일본 기준).  ▲겨울새인 쇠기러기.

텃새와 나그네새

이동하지 않고 연중 계속 같은 장소에 서식하는 새를 '텃새'라고 해요. 다만 일부 텃새는 이동하는 종도 있어요. 또 번식지가 한국과 일본보다 북쪽에 있고, 월동지가 한국과 일본보다 남쪽에 있는 새도 있어요. 이러한 새를 '나그네새'라고 하며, 대다수는 봄과 가을에 총 두 번 들렀다 가요.

▶텃새인 박새.

◀나그네새인 큰뒷부리도요.

황새목
황새과

🔸 **가와카미 박사의 포인트!** 황새는 부리와 목, 다리가 긴 대형 물새예요. 두루미와 비슷해 보이지만 전혀 다른 종이죠! 두루미는 나뭇가지에 앉지 못하지만, 황새는 앉을 수 있어요. 두루미는 커다란 목소리로 울지만, 황새 대부분은 거의 울음소리를 내지 않고 부리를 부딪쳐 소리 내는 등, 여러 점이 달라요.

홍부리황새

유럽 등지에서 번식해요. 나무 위에 둥지를 틀지만, 지붕 위 등을 이용하기도 해요. 사진은 랜드마크로서 높은 곳에 장식된 자동차 위에 둥지를 튼 모습이에요. 성장한 새끼 홍부리황새 세 마리가 서 있어요.

- 🟥 100~115cm 🟦 물고기, 작은 동물
- 🟧 유럽, 아프리카, 인도

▶성조는 부리가 빨갛게 물들어요.

안장부리황새
아프리카에 서식하는 큰 황새예요. 암수의 겉모습이 많이 닮았지만, 눈 색만은 달라요. 수컷은 짙은 갈색 눈이고 암컷은 황색 눈이에요. ■ 145~150cm ■ 물고기 ■ 아프리카

아프리카대머리황새
머리와 목에 깃털이 거의 자라지 않는 대형 황새예요. 동물의 사체, 쓰레기 등도 먹어요. ■ 115~152cm
■ 동물의 사체, 물고기, 작은 동물 ■ 아프리카

아브딤황새
아프리카의 건조한 초원에 서식해요. 곤충의 유충, 메뚜기 등을 섭취해요.
■ 75~81cm ■ 곤충
■ 아프리카

일본의 황새 야생 복원
일본의 경우, 황새가 한번 절멸한 적이 있어요. 러시아와 중국에서 받은 개체를 효고현 도요오카시의 보호 시설이나 동물원에서 번식하게 한 뒤, 자손을 야생에 돌려보내는 활동을 하고 있죠. 2005년에 최초로 다섯 마리가 방생되었고 2023년 기준으로는 약 300마리가 야생에서 서식하고 있어요.

▲도요오카시의 인공 둥지 탑에서 새끼를 기르고 있는 황새.

황새 🇰🇷
세계적으로 멸종 위기를 겪는 물새예요. 한국에서 번식하던 황새는 절멸했으며, 황새를 복원하는 사업이 진행되고 있어요. 겨울새로 종종 볼 수 있어요. 천연기념물이에요. ■ 110~115cm
■ 물고기, 작은 동물 ■ 한국, 일본, 러시아, 중국

먹황새 🇰🇷
유라시아 대륙 중앙부 등지에서 번식해요. 겨울은 중국과 파키스탄, 아프리카 등지에서 보내요. 한국에서는 희귀한 철새이며 천연기념물이에요.
■ 95~100cm ■ 물고기, 작은 동물 ■ 유라시아 대륙, 아프리카

가다랭이잡이목
군함조과

🔸 **가와카미 박사의 포인트!** 군함조에 속하는 새들은 새치기 전문이에요! 2m에 달하는 긴 날개로 날아다니면서, 얼가니새 등의 다른 새가 잡은 먹이를 가로채요. 군함처럼 새까만 몸을 지녔어요. 수컷은 목의 붉은 주머니를 풍선처럼 부풀려 구애 디스플레이를 해요.

🦅 오랜 새끼 양육

군함조는 아주 오랫동안 새끼를 양육해요. 알을 덥히고 부화하기까지 50일, 새끼가 자립하는 데 7개월, 독립한 이후에도 18개월이나 새끼를 돌봤다는 기록이 있어요. 이는 새 중에서 가장 긴 양육 기간이에요.

▲큰군함조.

아메리카군함조

군함조 중에서 가장 큰 종이에요. 멕시코만과 갈라파고스 제도, 카리브해 등에 서식해요.
- 89~114cm
- 날치, 오징어
- 아메리카, 적도 부근의 태평양, 카리브해, 대서양의 연안, 아프리카 서부

붉은발얼가니새의 둥지 재료를 빼앗으려 하는 큰군함조.

가다랭이잡이목
가다랭이잡이과

🔸 **가와카미 박사의 포인트!** 얼가니새과의 특징 중 가장 재미있는 것은 콧구멍이 없다는 점이에요. 공중에서 거꾸로 물속에 뛰어들어 물고기를 잡기 때문에, 콧구멍으로 물이 들어가는 것을 방지하기 위해서라고 여겨져요. 커다란 바닷새로서, 주로 열대에서 온대 바다에 서식하고 섬에서 번식해요. 발가락에는 물갈퀴가 있으며 헤엄치는 것도 특기예요.

푸른발부비새

다리가 산뜻한 파란색이에요. 구애할 때 수컷이 다리를 번갈아서 들어 올리며 암컷에게 어필해요. 푸른발얼가니새라고도 해요.
- 76~84cm
- 물고기
- 멕시코에서 페루의 만 해역, 갈라파고스 제도

큰군함조
날개를 펼치면 2m 30cm에 달해요. 한국에서는 미조예요. 🔴 85~105cm 🔵 날치, 오징어 🟠 태평양, 인도양의 열대·아열대 해역

▲어린 큰군함조. 머리에서 얼굴에 걸친 부분과 배가 흰색이에요.

푸른얼굴얼가니새
한국에서는 미조로 관찰돼요. 일본의 경우, 번식하는 지역이 있다고 해요. 🔴 81~92cm 🔵 물고기, 오징어 🟠 태평양, 대서양, 인도양의 열대·아열대 해역

푸른얼굴얼가니새의 형제 살해
푸른얼굴얼가니새는 한 번의 번식으로 두 개의 알을 낳아요. 하지만 대개 먼저 태어난 새끼가 나중에 태어나는 새끼를 쪼아 죽이죠. 나중에 태어난 새끼는 처음 태어난 새끼가 금방 죽을 경우를 대비한 것으로 생각돼요.

갈색얼가니새
이 새가 무리 지은 바다 위에 가 보면 가다랑어를 잡을 수 있다고 해요. 🔴 65~75cm 🔵 물고기, 오징어 🟠 태평양, 대서양, 인도양의 열대·아열대 해역

북방가넷
영국과 아이슬란드, 캐나다의 해안에서 큰 집단을 이루고 번식해요. 🔴 87~100cm 🔵 물고기 🟠 북대서양

뱀목가마우지과

가다랭이잡이목

가와카미 박사의 포인트! 가늘고 긴 목을 수면에서 내밀고 헤엄치는 모습이 마치 뱀 같아요! 뱀목가마우지는 이러한 모습에서 붙은 이름이에요. 가마우지를 닮았지만, 부리 끝이 날카로운 게 크게 달라요. 가늘고 긴 목이 용수철 같은 작용을 해서, 뾰족한 부리로 기세 좋게 물고기를 찔러요.

뱀목가마우지
북아메리카의 플로리다반도, 남아메리카의 아마존강 유역에 있는 늪이나 강 등에서 관찰돼요. 사진은 잡은 물고기를 통째로 삼키기 직전인 모습이에요.
- 81~91cm ■ 물고기
- 북아메리카 남부, 중앙아메리카, 남아메리카

■ 몸길이 ■ 먹이 ■ 분포 한국에서 볼 수 있음

가다랭이잡이목
가마우지과

🔶 **가와카미 박사의 포인트!** 가마우지는 잠수가 특기예요! 발가락 네 개 모두에 물갈퀴가 있어서, 물을 세게 걷어차고 잠수할 수 있어요. 종 대부분이 물고기가 주식이며 끝이 휜 부리로 물고기를 끌어 잡아요. 깃털은 물에 젖기 쉽고 공기가 통하기 어려운 구조로, 잠수하는 데 적합해요. 하지만 하늘을 날 때는 젖은 깃털이 무거우면 곤란하기 때문에 날개를 펼쳐 말리는 습성이 있어요.

바다가마우지 🇰🇷
가마우지라고도 부르며, 주로 해안가에서 관찰돼요. 바다가마우지는 바위에, 민물가마우지는 나무 위에 둥지를 틀어요.
🟥 약 92cm 🟦 물고기
🟧 한국, 일본, 러시아, 중국

갈라파고스가마우지
갈라파고스 제도의 페르난디나섬, 이사벨라섬에만 서식해요. 날개가 작으며 날지 못해요. 약 2,000마리밖에 서식하지 않는 귀중한 새예요. 🟥 89~100cm
🟦 물고기 🟧 갈라파고스 제도

민물가마우지 🇰🇷
한국에서 흔히 보이는 텃새 가마우지예요. 겨울새로서 월동하는 개체도 있어요. 강과 호수, 파도가 잔잔한 만 등에 서식해요. 기러기처럼 열을 이루며 비행해요. 🟥 80~100cm 🟦 물고기 🟧 한국, 일본, 유라시아 대륙, 아프리카, 오스트레일리아

💃 가마우지 낚시
가마우지 낚시는 목에 끈을 맨 가마우지가 은어를 잡게 하는 낚시 기법이에요. 가마우지는 목이 끈에 매여 있으니 커다란 은어를 삼킬 수 없고, 뱉어 낸 은어는 어부가 차지해요. 일본의 경우 기후현 나가라강에서 유명하며, 이외에도 각지에서 활용되고 있어요. 일본에서는 바다가마우지를 이용하고, 중국에서는 민물가마우지를 이용해요.

▲나가라강에서 진행 중인 가마우지 낚시.

쇠가마우지 🇰🇷
한국에 월동하러 오는 보기 드문 겨울새예요. 섬 지역에서는 번식하기도 해요. 바다가마우지와 같이 있는 모습이 보이기도 해요. 🟥 63~76cm 🟦 물고기
🟧 태평양 북부 연안

황제가마우지
남아메리카의 칠레와 아르헨티나, 포클랜드 제도의 해안가에 서식해요.
🟥 68~76cm 🟦 물고기, 오징어 🟧 남아메리카 남부

아하! 가와카미 박사의 심층 칼럼 ⑧

디스플레이

수컷 인도공작이 깃털을 펼치는 모습, 두루미가 복잡한 춤을 추는 모습을 동물원이나 텔레비전에서 본 적 있나요? 독특한 깃털을 펴고 흔들거나, 기묘한 동작을 반복하죠. 이러한 행동을 디스플레이라고 해요. 눈에 띄는 행위를 해서 상대방에게 어필하는 것이 디스플레이의 목적이지요. 가장 많은 건 수컷이 암컷에게 구애할 때 하는 디스플레이예요. 또, 적이 가까이 왔을 때 디스플레이로 깜짝 놀라게 만들기도 해요. 일부러 상처 입은 척해 알과 새끼로부터 적의 주의를 돌리는 '의상 행동'도 디스플레이의 일종이에요.

적을 놀라게 하는 디스플레이

날개를 크게 펼쳐 무늬를 보이며 위협하는 카구.

▲새끼 칡부엉이는 날개를 펼쳐 적을 위협해요.

날개를 들어 올리고 위협하는 수컷 혹고니.

날개를 펼쳐 위협하는 개미잡이.

상처 입은 척해서 적의 주의를 돌리는 디스플레이

▲상처 입은 척 연기(의상 행동)하는 꼬마물떼새.

상처 입은 척하는 검은가슴물떼새. 적이 둥지의 알이나 새끼로부터 멀리 가게 해요.

수컷이 암컷에게 구애할 때의 디스플레이

▲암컷에게 꽁지깃을 과시하는 수컷 꿩.

장식깃을 펼쳐 구애하는 수컷 인도공작.

레이산알바트로스의 재미있는 구애의 춤.

▲구애의 포즈를 취하는 수컷 흰뺨오리.

◀꽁지깃을 척 들고 있는 참새의 구애 포즈.

암수가 구애의 춤을 추는 디스플레이

▲타조가 추는 구애의 춤. 오른쪽이 수컷이고, 왼쪽이 암컷이에요.

▲구애의 춤을 추는 뿔논병아리. 호흡이 척척 맞아요.

저어새과

사다새목

🚫 **가와카미 박사의 포인트!** 저어새과의 새는 예전에는 황새목으로 분류됐지만, 지금은 사다새목으로 변경되었어요. 저어새과 새에는 긴 부리가 크게 아래로 굽은 따오기류, 부리 모양이 주걱 같은 저어새류가 있어요. 따오기는 부리로 진흙 속의 먹잇감을 파내요. 저어새는 물속에 넣은 부리를 좌우로 움직여 물고기나 수생동물을 잡아요.

저어새 🇰🇷
번식지가 한국의 작은 섬과 중국 일부에만 있어요. 전 세계적으로 희소한 종이에요. 천연기념물로 보호받고 있어요. 🔴 60~78cm 🔵 물고기
🟠 한국, 일본, 중국

노랑부리저어새 🇰🇷
저어새류 중에서는 가장 넓은 범위에서 서식해요. 집단으로 나무 위 등에 둥지를 만들어요. 천연기념물이에요.
🔴 70~95cm
🔵 수생곤충, 물고기
🟠 한국, 일본, 유라시아 대륙

🔴 몸길이 🔵 먹이 🟠 분포 🇰🇷 한국에서 볼 수 있음

진홍저어새
주로 개펄이나 해안 습지에서 볼 수 있어요. 저어새과 새는 목을 늘이고 나는 특징이 있어요.
- 68~86cm
- 물고기
- 북아메리카 남부에서 남아메리카

홍따오기
온몸이 붉은 따오기예요.
- 약 60cm
- 게, 작은 물고기
- 남아메리카 북부

글로시아이비스
따오기류 중에서 가장 광범위하게 분포해요. 깃털이 금속처럼 빛나 보여요. 적갈색따오기라고도 불러요.
- 48~66cm
- 곤충
- 아프리카, 마다가스카르섬, 아시아, 오스트레일리아, 북아메리카 남부

따오기 야생 복귀 프로젝트
일본의 경우, 절멸해 버린 따오기를 부활시키기 위한 대처가 이루어지고 있어요. 환경성이 중국산 따오기를 니가타현 사도섬의 보호 센터에서 사육, 번식시켜 늘리고 야외에 방생하죠. 2008년에 처음으로 방조한 이래, 2022년 시점에서는 약 545마리가 야생에 복귀했다고 여겨져요.

따오기 🇰🇷
논에 있는 경우가 많으며, 아래로 굽은 긴 부리로 미꾸라지나 개구리 등을 잡아먹어요. 천연기념물이에요.
- 55~78cm
- 물고기, 작은 동물
- 한국, 일본, 중국

짧막 지식 따오기는 멸종 위기종이에요. 한국도 경상남도에서 꾸준히 복원 사업을 진행하고 있어요.

사다새목
왜가리과

🔸 **가와카미 박사의 포인트!**

목과 다리, 부리가 긴~ 새가 바로 왜가리예요! 대부분 물가에 서식하지만, 개중에는 숲속에 서식하는 종도 있어요. 먹이를 사냥하는 장소도 다양하죠. 크게 평소에는 목을 굽히고 있어서 목이 짧아 보이는 해오라기류, 목을 펴고 있는 왜가리류로 나눌 수 있어요. 가루 같은 특수한 깃털인 '분면우'를 지녀 방수성이 있어요. 날 때 목을 굽히는 것도 왜가리과의 특징이에요.

덤불해오라기 🇰🇷
아주 작은 왜가리과 새예요. 물가의 갈대나 부들이 자란 장소에 있어요. 한국의 여름새이며, 겨울에는 동남아시아 등에 서식해요.
- 🔴 30~40cm 🔵 수생곤충, 물고기
- 🟠 한국, 일본, 동남아시아

큰덤불해오라기 🇰🇷
한국에서는 드문 여름새이며, 갈대밭 등지에서 새끼를 길러요. 개체 수가 아주 적어 좀처럼 관찰되지 않아요.
- 🔴 33~39cm 🔵 물고기, 개구리
- 🟠 동아시아, 동남아시아

알락해오라기 🇰🇷
갈대밭에 서식하는 커다란 왜가리과 새예요. 몸이 마른 풀 같은 색이어서 적에게 잘 발견되지 않아요. 한국에서는 보기 드문 겨울새이자 나그네새예요.
- 🔴 64~80cm
- 🔵 개구리, 물고기 🟠 한국, 일본, 유라시아 대륙, 아프리카

🔴 몸길이 🔵 먹이 🟠 분포 🇰🇷 한국에서 볼 수 있음

검은댕기해오라기
매복해서 물고기를 사냥해요. 일본 스이젠지 공원 등에 서식하는 일부 검은댕기해오라기는 미끼로 물고기를 유인해서 잡아요. 미끼는 곤충을 말아 만들거나, 깃털, 나무 조각 등의 가짜 먹이를 사용해요.
🟥 40~48cm 🟦 물고기 🟧 아시아, 오스트레일리아, 아프리카, 남북아메리카

▲ 물고기를 잡기 위해 먹이를 두고 매복하고 있어요.

열대붉은해오라기
목을 늘려 의태하면 풀과 헷갈려서 적이 발견하기 어려워요. 한국에서는 미조에 가까워요. 🟥 약 40cm 🟦 물고기, 개구리
🟧 일본, 동남아시아, 인도

해오라기
주로 저녁에서 밤에 활동하지만, 번식기에는 낮에도 물고기를 사냥해요. 밤에 '쿠왁, 쿠왁' 하고 울면서 날아요.
🟥 56~65cm 🟦 물고기, 개구리 🟧 한국, 일본, 유라시아 대륙 남부, 아프리카, 남북아메리카

붉은해오라기
전 세계에서 일본에만 번식하는 귀중한 왜가리과 새에요. 최근에 수가 많이 줄었어요. 밤에 '보-, 보-' 하는 커다란 소리로 울어요. 🟥 약 49cm 🟦 지렁이, 민물 게, 곤충
🟧 일본, 동남아시아

사다새목 왜가리과

블랙헤론
(Egretta ardesiaca)
날개로 그림자를 만들어, 물 속에 있는 물고기를 잘 보이게 만든다고 여겨져요.
- 42~66cm
- 물고기
- 아프리카 중남부

이와 같은 낚시 방법은 맑은 날에만 볼 수 있어요.

붉은왜가리 🇰🇷

주로 봄과 가을에 한국을 통과하는 나그네새예요. 흔히 보이는 편은 아니에요. 🟥 78~90cm
🟦 물고기, 개구리
🟧 아시아, 유럽, 아프리카

중백로 🇰🇷

쇠백로와 비교하면 부리가 두꺼워요. 물고기보다 개구리, 민물 게 등을 더 능숙하게 잡아요. 한국에서는 흔한 여름새예요. 🟥 56~72cm
🟦 작은 동물 🟧 한국, 일본, 아프리카, 인도, 동남아시아, 오스트레일리아

흑색형

백색형

흑로 🇰🇷

물가나 산호초 등의 해안에서 생활하는 왜가리과 새예요. 흑색형 개체와 백색형 개체가 있어요. 한국에서는 적은 수가 남해안과 제주도에서 번식해요.

🟥 58~66cm 🟦 물고기, 갑각류 🟧 서태평양

대백로 🇰🇷

왜가리류 중에서 가장 넓은 범위에 분포해요. 번식기에는 아름다운 장식깃이 자라요.

🟥 80~104cm 🟦 물고기 🟧 한국, 일본, 유라시아 대륙 남부, 아프리카, 남북아메리카, 오스트레일리아

왜가리 🇰🇷

회색빛을 띠는 대형 왜가리예요. 물고기가 주식이지만 쥐 등도 섭취해요. 커다란 물고기는 부리로 찔러 잡아요. 🟥 90~98cm 🟦 물고기, 쥐
🟧 한국, 일본, 유라시아 대륙, 아프리카, 마다가스카르섬

쇠백로 🇰🇷

발가락이 노란색을 띠는 소형 왜가리과 새예요. 물속에서 다리를 떨어서 바위 그늘에 숨어 있던 물고기를 몰아 잡는 습성이 있어요. 한국의 텃새예요.
🟥 55~65cm 🟦 물고기, 수생곤충 🟧 한국, 일본, 유라시아 대륙, 아프리카, 뉴기니섬, 오스트레일리아

황로 🇰🇷

원래는 아프리카에서 아시아에 걸쳐 서식했지만, 20세기 초반부터 급속히 전 세계로 분포가 확대됐어요. 한국에도 여름새로 도래하며 번식해요.

🟥 46~56cm 🟦 곤충 🟧 한국, 일본, 동남아시아, 인도, 오스트레일리아, 아프리카, 유럽, 남북아메리카

짤막 지식 대백로도 블랙헤론처럼 날개로 그림자를 만들어 물고기를 잡는 행동이 관찰돼요.

사다새목
망치머리황새과

사다새목 망치머리황새과, 넓적부리황새과

🔍 **가와카미 박사의 포인트!** 망치머리황새과에는 아프리카 등지에 서식하는 망치머리황새 한 종만이 속해 있어요. 수목이나 바위 위에 가지를 엮은 돔 모양의 둥지를 만들어요. 거대한 둥지는 지름 2m 이상에 달하기도 해요. 새끼는 주로 올챙이를 먹고 성장해요.

▲ 개구리를 포식하는 망치머리황새.

망치머리황새
머리의 모양이 종을 두드릴 때 사용하는 망치와 비슷하게 생겼어요. 🟥 50~56cm 🟦 물고기, 개구리(올챙이) 🟧 아프리카, 마다가스카르섬, 아라비아반도 일부

▼ 움직이지 않는 새로 유명하지만, 먹이를 잡을 장소를 찾으러 날아가는 일도 꽤 있어요.

🟥 몸길이 🟦 먹이 🟧 분포 🇰🇷 한국에서 볼 수 있음

사다새목
넓적부리황새과

🔸 **가와카미 박사의 포인트!** 커다란 부리로 존재감을 과시하는 넓적부리황새. 황새를 닮았지만, 사다새에 가깝다고 해요. 넓적부리황새과의 새는 넓적부리황새 한 종뿐이에요. 끝이 휘어 있는 거대한 부리는 커다란 물고기를 끌어 잡는 데 유용해요. 거의 울지 않고, 부리를 딱딱 부딪치는 습성이 있어요.

◀ 큰 폐어를 포식하는 넓적부리황새.

넓적부리황새
습지에서 쭉 움직이지 않고 매복하다가, 산소 호흡을 하기 위해 수면으로 올라온 물고기(폐어) 등을 커다란 부리로 잡아요. ■ 약 120cm ■ 물고기
■ 아프리카 중앙부

사다새목
사다새과

🔺 **가와카미 박사의 포인트!** 사다새(펠리컨)의 트레이드마크는 커다란 부리! 그중에서도 오스트레일리아사다새의 부리는 조류 최대의 길이인 50cm에 달해요. 목에는 주머니가 있어서 물속에서 확 펼치고 그물처럼 사용해 물고기를 잡아요. 모든 발가락이 물갈퀴로 이어진 것은 사다새과의 큰 특징이에요.

분홍사다새
여러 마리가 모여 함께 물고기를 잡는 습성이 있어요. 한국에서는 미조예요. 큰사다새라고도 해요.
- 🟥 수컷 약 175cm, 암컷 약 148cm
- 🟦 물고기 🟧 유럽 남동부, 아프리카, 인도

▲새끼에게 먹이를 주는 분홍사다새.

▲함께 물고기를 잡는 분홍사다새.

아메리카흰사다새
북아메리카에 서식하는 사다새예요. 번식기에는 부리 위에 판자 같은 돌기가 나타나요.
- 🟥 127~178cm 🟦 물고기 🟧 북아메리카

오스트레일리아사다새
오스트레일리아, 뉴기니섬에 서식하는 거대한 사다새예요. 🟥 152~188cm
- 🟦 물고기 🟧 오스트레일리아, 뉴기니섬

갈색사다새
바다에 서식하는 사다새예요. 공중에서 뛰어들어 물고기를 사냥해요. 📏 105~152cm
🔵 물고기 🟠 남북아메리카 연안

달마시안사다새
유럽에서 중국에 걸쳐 여기저기 번식지가 있는 사다새예요. 개체 수는 적은 편이에요.
📏 160~180cm 🔵 물고기 🟠 유럽에서 중국(번식지), 인도~중국, 그리스(월동지)

호아친목
호아친과

🔸 **가와카미 박사의 포인트!**

호아친의 가장 특이한 점은 주식이 나뭇잎이라는 점이에요! 나뭇잎은 소화하기 어려우므로 보통은 새의 주식이 아니에요. 하지만 호아친은 식도 끝에 있는 '소낭'에 미생물이 있고, 그 작용으로 소화할 수 있죠. 단 잔뜩 먹어야 하므로 소낭이 매우 커서, 날기 위한 가슴뼈나 가슴 근육은 밀려 작아졌기 때문에 잘 날지 못해요. 또 새끼의 날개에는 발톱이 있는 점도 신기해요. 호아친과에는 남아메리카에 서식하는 호아친만이 속해 있어요.

호아친목 호아친과

○실종 칼럼③ 사람을 이용하는 새

호아친
호아친과의 새는 이 새 한 종뿐이에요. 아마존강과 오리노코강 유역에 서식해요.
🔴 62~70cm 🔵 식물의 잎 🟠 남아메리카

👠 호아친은 시조새와 관련이 있을까?

약 1억 5,000만 년 전에 존재한 시조새는 가장 오래된 조류로 여겨져요. 시조새는 원시적인 특징을 많이 지녔는데, 날개에는 발톱이 있었죠. 새끼 호아친도 날개에 발톱이 있고, 소화 구조 등이 다른 새와 다르다는 점에서 시조새와 관계있는 원시적인 특징이 남은 새가 아닐까 여겨지기도 했어요. 하지만, 현재는 시조새와는 관계없다는 사실이 알려졌어요.

▲새끼의 날개에 있는 발톱은 가지를 잡을 때 도움이 돼요.

🔴 몸길이 🔵 먹이 🟠 분포 🇰🇷 한국에서 볼 수 있음

가와카미 박사의 심층 칼럼 ⑨

사람을 이용하는 새

새는 숲이나 바다 같은 풍부한 자연환경에 서식하는 경우가 많아요. 하지만 참새와 제비처럼 사람 근처에서만 관찰되는 새도 있죠. 원래는 숲과 삼림에 서식했으나 생활 장소를 도시로 옮긴 직박구리, 큰부리까마귀 등도 있어요. 게다가 더 놀라운 점은 황조롱이, 매와 같은 맹금류가 마을에서도 보이게 됐다는 거예요. 이러한 새들은 왜 사람 근처에서 서식하게 되었을까요? 바로 사람 근처에서 사는 편이 안전하고 먹이가 많기 때문이에요. 새 중에는 사람들의 생활을 잘 이용해서 살아가는 새가 존재해요.

사람은 보디가드

전 세계를 살펴봐도 제비의 둥지는 반드시 사람이 만든 건축물에 있어요. 그쪽이 수리 같은 적이 접근하기 어렵고, 사람을 보디가드처럼 이용하고 있는 거죠. 또 백할미새는 사람이 많이 오가는 가로수에 모여 잠들기도 해요. 사람이 많은 장소는 올빼미 등이 다가오지 않으므로 안심하고 잘 수 있어요.

▲자기 전에 빌딩에 모인 백할미새.

▲사람 곁에서 안심하고 새끼를 기르는 제비.

먹이를 얻기 쉽다

사람의 생활을 이용하면 간단히 구할 수 없었던 먹이를 얻을 수 있게 돼요. 황로는 물소 같은 커다란 동물 뒤를 따르며 놀라서 뛰쳐나온 개구리 등을 먹는 습성이 있지만, 최근에는 물소 대신에 트랙터를 따라가요. 또, 사진에 있는 쇠백로는 낚시꾼의 바구니 속에 잡힌 물고기를 먹어 버리죠. 정 많은 낚시꾼은 쇠백로를 내쫓지 않기 때문에 손쉽게 물고기를 잔뜩 먹을 수 있어요.

빌딩을 절벽으로 이용한다

황조롱이는 본래 절벽에 둥지를 틀지만, 최근에는 빌딩을 절벽으로 판단하고 둥지를 틀어요. 빌딩은 절벽처럼 무너질 걱정이 없고 안정돼 있으며, 마을 안에는 먹잇감인 새도 많아 의외로 살기 편해요.

▲트랙터를 따라다니며 먹이를 찾는 황로.

▲낚시꾼 바구니의 물고기를 노리는 쇠백로.

▲빌딩 테라스에서 새끼를 기르고 있는 황조롱이.

수리목
콘도르과

🔸 **가와카미 박사의 포인트!**

콘도르는 정말 커요! 날개를 펼치면 3m 이상에 달하는 종도 있어요. 육상에 서식하는 새 중에서는 최대 크기에 가깝죠. 머리에는 깃털이 거의 없어요. 이러한 몸 특징은 주된 먹이가 동물의 사체인 것과 관계있어요. 커다란 날개는 날갯짓 없이 기류에 편승해 장시간 동안 날 수 있으므로, 넓은 범위에서 사체를 찾을 수 있어요. 또 동물의 사체를 먹으면 깃털에 묻은 피를 닦아내기 어려워지기 때문에 깃털이 없어졌다고 생각돼요.

수리목 콘도르과, 뱀잡이수리과, 물수리과

▲수컷 콘도르의 이마에는 콜리플라워 모양 볏이 있어요.

안데스콘도르
날개를 펼치면 3m 20cm에 달해요. 날갯짓하지 않고 기류에 편승해서 날아요. 수백 킬로미터나 떨어진 장소까지 먹이를 찾으러 나가요.
🔴 100~130cm 🔵 동물의 사체
🟠 남아메리카 안데스산맥

개체마다 번호를 붙여 보호하고 있어요.

캘리포니아콘도르
가장 멸종이 우려되는 새예요. 1981년에는 야생에 22마리밖에 없었어요. 보호 활동이 이루어진 결과, 2022년 시점에서는 야생에 347마리가 서식하게 됐어요.
🔴 117~134cm 🔵 동물의 사체
🟠 북아메리카 서부

수리목
뱀잡이수리과

🔸 **가와카미 박사의 포인트!** 뱀잡이수리과의 새는 아프리카에 서식하는 뱀잡이수리뿐이에요! 머리에 있는 장식깃이 특징이죠. 사바나를 걸으면서 메뚜기, 쥐, 뱀 등을 찾고 긴 다리를 이용해 사냥해요. 그리고 2m에 달하는 커다란 날개를 펼쳐 하늘을 날아요. 둥지는 높은 아카시아 나무 위에 만들어요.

뱀잡이수리
실제로는 뱀뿐만이 아니라 다양한 작은 동물을 잡아먹어요.
🔴 120~150cm 🔵 곤충, 소형 포유류, 파충류 🟠 아프리카

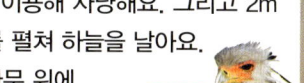

▶ 다리가 길어서 높게 자란 풀 속에서도 걸을 수 있어요.

수리목
물수리과

🔸 **가와카미 박사의 포인트!** 물수리는 물고기 전문 사냥꾼이에요! 공중에서 날아들어 다리로 커다란 물고기를 잡아채죠. 그래서 눈에는 수면에서 비치는 빛 반사를 억누르는 구조가 있으며, 물속의 물고기를 잘 볼 수 있게 돼 있어요.

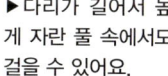

◀ 다리에는 예리한 발톱과 미끄러짐을 방지하는 까끌까끌한 비늘이 있어요. 그 덕분에, 잡은 물고기는 놓치지 않아요.

물수리 🇰🇷
해안과 커다란 호수 등지에 서식해요. 북극과 남극, 오스트레일리아를 제외한 전 세계에 분포해요.
🔴 55~58cm 🔵 물고기 🟠 전 세계(북극, 남극 제외)

수리과

수리목

🔸 **가와카미 박사의 포인트!** 수리류는 남극을 제외한 전 세계에 서식해요. 무려 약 250종이나 있죠! 육식성이며, 종에 따라 노리는 먹잇감이 정해져 있어요. 날카롭게 굽은 부리는 사냥할 때 쓰일 것처럼 보이지만, 실제로는 잡은 먹잇감의 살을 찢는 데 사용돼요. 사냥은 오직 발톱으로만 하죠. 길고 날카로운 발톱으로 끌어당기거나 움켜쥐는 식으로 먹잇감을 잡기 때문에 다리 힘이 아주 강력해요. 또 비행 속도가 빠르며, 공중제비 같은 복잡한 비행도 할 수 있어요.
사실은 암컷이 더 큰 종이 많다고 해요.

참매 🇰🇷
삼림에 서식하며 새를 주로 잡아먹어요. 최근에는 마을 안에서 발견되기도 해요. 천연기념물이에요.
🟥 48~68.5cm
🟦 조류, 포유류 🟧 한국, 일본, 유라시아 대륙, 북아메리카

새매 🇰🇷
삼림에 서식해요. 참매와 닮았지만, 몸이 작고 먹잇감으로 작은 새를 노려요. 천연기념물이에요.
🟥 28~38cm 🟧 조류 🟧 한국, 일본, 유라시아 대륙, 아프리카 북부

솔개 🇰🇷
주로 동물의 사체를 공중에서 찾아내 먹어요. 한국에서는 겨울새이며 무리 지어 생활해요.
🟥 55~60cm 🟧 동물의 사체 🟧 한국, 일본, 유라시아 대륙, 아프리카, 오스트레일리아

해리스매
사막, 초원 등의 탁 트인 곳에서 서식해요. 주로 토끼 등의 포유류를 잡아먹어요. 🟥 48~56cm
🟧 포유류, 조류 🟧 북아메리카 남부, 중남미

왕새매 🇰🇷
한국에서는 나그네새이며 드물게 여름새로서 번식하기도 해요. 가을에 무리 지어 월동지로 이동하는 모습이 관찰돼요. 🟥 약 46cm 🟧 양서류, 파충류, 곤충 🟧 한국, 일본, 중국, 러시아(번식지), 난세이 제도, 동남아시아(월동지)

127

수리목 수리과

개구리매 🇰🇷
물가의 갈대밭에 서식하는 매예요. 풀 위를 미끄러지듯 날면서 쥐와 새 등을 잡아요. 한국에서는 겨울새이며, 천연기념물이에요.
🟥 47~55cm 🟦 소형 포유류, 조류 🟧 동아시아, 동남아시아, 극동 러시아

잿빛개구리매 🇰🇷
갈대밭에 도래하며, 주로 작은 새나 쥐를 노리는 겨울새예요. 수컷은 아름다운 회색빛이지만, 암컷은 수수한 갈색이에요. 천연기념물이에요. 🟥 43~52cm 🟦 조류, 소형 포유류 🟧 한국, 일본, 유라시아 대륙, 북아메리카

말똥가리 (Buteo japonicus) 🇰🇷
초원 등에서 쥐를 노려요. 낮게 비행하는 특징이 있어요.
🟥 50~57cm 🟦 소형 포유류 🟧 일본, 동아시아

벌매 🇰🇷
벌을 주식으로 삼는 매예요. 땅속에 있는 말벌 등의 둥지를 파내 먹어요.
🟥 52~68cm 🟦 곤충, 소형 포유류 🟧 일본, 중국 동북부(번식지), 동남아시아, 인도(월동지), 한국

조롱이 🇰🇷
수컷이 직박구리 정도 크기인 작은 매예요. 참새 등의 작은 새가 주된 먹이예요. 한국에서는 보기 드문 텃새예요.
🟥 29~34cm 🟦 조류 🟧 한국, 일본, 중국(번식지), 동남아시아(월동지)

아프리카매
발뒤꿈치의 관절이 반대 방향으로도 굽혀져요. 그 덕분에 나무 구멍 속에 있는 사냥감의 새끼를 잡을 수 있어요. 🟥 약 65cm
🟦 소형 포유류, 조류 🟧 아프리카

수리목 수리과

참수리 🇰🇷
러시아 오호츠크해 연안에만 번식지가 있는 희귀한 새예요. 사진은 먹잇감인 물고기를 둘러싸고 다투는 모습이에요. 한국에서는 겨울에 종종 볼 수 있으며, 천연기념물이에요.
- 85~94cm 물고기, 조류 한국, 일본, 러시아

검독수리 🇰🇷
국외에서는 초원 등지에 서식하지만, 한국에서는 주로 산악 지대에 서식해요. 하지만 사냥할 때는 벌채지 같은 탁 트인 장소에서 토끼 등을 노려요. 천연기념물이에요.
- 75~90cm 포유류, 조류, 파충류
- 한국, 일본, 유라시아 대륙, 북아메리카

검독수리의 형제 살해
검독수리는 대개 두 개의 알을 낳는데, 둥지를 떠나는 건 한 마리뿐인 경우가 있어요. 이는 먼저 태어난 새끼가 나중에 태어난 새끼를 쪼아 죽였기 때문이에요. 먹이가 풍부한 곳에 서식하는 검독수리는 새끼 두 마리 모두 둥지에서 자립하므로, 먹이의 양이 형제 살해와 관계있다고 여겨져요. 얼가니새도 같은 습성을 갖고 있어요.

 몸길이 먹이 분포 🇰🇷 한국에서 볼 수 있음

흰꼬리수리
커다란 수리예요. 다 자라면 꼬리가 하얘져요. 사진은 갈매기의 먹이를 가로채는 모습이에요. 한국에서 월동하며, 천연기념물이에요.
- 69~92cm
- 물고기, 조류
- 한국, 일본, 유라시아 대륙

관수리
게와 개구리, 뱀 등을 먹어요. 한국에서는 미조예요. 일본의 경우 야에야마 제도에서 연중 관찰돼요.
- 41~76cm
- 파충류, 양서류, 게
- 일본(야에야마 제도), 동남아시아, 인도

뿔매
숲속에 서식해요. 나뭇가지에 앉아서 매복하다가 토끼나 꿩 등을 사냥해요.
- 67~86cm
- 포유류, 조류, 파충류
- 일본, 동아시아

짤막 지식 커다란 종을 수리, 작은 종을 매라고 부르는 편이지만, 예외도 있으므로 명확한 구별은 아니에요.

수리목 수리과

흰머리수리
주로 물가에 서식하는 수리예요. 물고기, 새 등을 먹이로 삼아요. 미국의 국조예요.
- 71~96cm
- 물고기, 조류, 작은 동물
- 북아메리카

남미수리
세계에서 가장 강력한 수리 중 하나로, 남미 정글에 서식해요. 지름 2.5cm에 달하는 두꺼운 다리를 지녔으며, 발톱의 길이는 7cm, 발가락을 펼치면 25cm에 달해요. 이 견고한 다리로 나무 위에 있는 원숭이를 떨어뜨려 잡아요. 부채머리수리라고도 해요.
- 89~105cm
- 포유류
- 중앙아메리카, 남아메리카

이집트대머리수리
동물의 사체를 주로 먹지만, 타조의 알에 돌을 던져 깨 먹는 습성도 있어요.
- 58~70cm
- 동물의 사체, 새의 알
- 서아시아, 인도, 지중해 연안, 아프리카 북부

아프리카흰등독수리
아프리카 사바나에 서식하는 대표적인 독수리예요.
- 약 94cm
- 동물의 사체
- 사하라 사막 이남의 아프리카

수염수리

산악 지대에 서식하며 대형 포유류의 사체를 찾아다녀요. 뼈를 좋아해서, 먹은 것의 85%가 뼈였다는 기록도 있어요.
- 100~115cm ■ 포유류(뼈)
- 유라시아 대륙, 아프리카

그리폰독수리

커다란 날개로 상공을 날며 동물의 사체를 찾아다녀요. 유럽 등지에서는 수가 줄어 보호 활동이 진행되고 있어요.
- 95~110cm ■ 동물의 사체
- 지중해 연안, 서아시아, 북아프리카

◀아프리카흰등독수리가 죽은 아프리카코끼리를 먹기 위해 모여 있어요. 독수리류는 먹이를 찾을 때 냄새가 아닌 눈으로 찾아요. 하늘 높이 날면서 땅 위에 죽어 있는 동물을 찾죠. 그리고 누군가 먹이를 발견하고 급강하하면, 다른 독수리도 낌새를 알아채서 사체 주변에 잔뜩 모이게 돼요.

아하! 가와카미 박사의 심층 칼럼 ⑩

분류의 구조

12~13쪽에서 새의 분류에 대해 조금 알아봤었지요? 이번에는 좀 더 자세히 새의 분류에 관해 설명하려고 해요. 살짝 어려울 수도 있지만, 중요한 부분이니 천천히 읽어 봐요.

생물 분류의 구조

특징이 비슷한 생물끼리 모아서 정리한 것을 '분류'라고 하며, 분류함으로써 어떤 진화의 길을 더듬어 왔는지 알 수 있어요. 분류를 정리하는 법에는 세계 공통 규칙이 있으며, 계, 문, 강, 목, 과, 속, 종이라는 이름으로 나누어져요. 가장 기본적인 단위는 '종'이며, 공통된 특징을 지닌 종을 모은 것이 '속', 한층 더 공통 특징을 가진 속을 모은 것이 '과', 공통 특징을 가진 과를 모은 것이 '목'이에요. 작은 정리부터 큰 정리 순으로 구분되고 있어요.

동물계 약 1,540,000종
척삭동물문 약 77,000종
조강 10,928종
참새목 6,642종
오목눈이과 13종
오목눈이속 10종
종 오목눈이 1종

▲분류 예시: 오목눈이. 모든 생물의 분류는 계층 구조로 돼 있어요.

분류는 누가 정할까?

새의 분류에는 연구자에 따라 다양한 의견이 있어요. 하지만 그대로 하면 불편함이 생기게 되죠. 일본의 경우, 일본조류학회가 연구자의 의견을 모은 '일본조류목록'을 제작하며 어느 정도 기간마다 분류를 갱신하고 있어요. 또한, 세계 조류 분류에도 국제조류학회의(IOC) 등, 여러 권위 있는 기관에 따른 리스트가 있어요. 이 도감에서는 세계의 새는 IOC 리스트, 일본 새는 '일본조류목록'에 근거해요.

▲(왼쪽) 『일본조류목록 개정 제6판』 (2000년 발행).
(오른쪽) 『일본조류목록 개정 제7판』 (2012년 발행).

아종이란?

같은 종이어도 번식하는 지역이 다르면 색이나 형태에 차이가 있는 일이 있어요. 지역별로 고유의 특징을 가진 집단을 '아종'이라고 하며, 종 아래에 자리매김하기도 하죠. 일본을 예로 들면, 홋카이도에 서식하는 오목눈이는 혼슈의 오목눈이와는 얼굴 무늬가 달라서 구별되기 때문에 흰머리오목눈이라는 아종 명칭이 붙었어요. 하지만 유전자 분석으로는 거의 차이가 없어 혼슈의 오목눈이와 같은 종이에요.

▶(왼쪽) 아종 흰머리오목눈이와 (오른쪽) 아종 오목눈이. 겉모습은 다르지만 둘 다 오목눈이예요.

알려 주세요, 박사님! 새의 분류 Q&A

Q 일본 고유종이 늘어난 것은 신종이 발견됐기 때문인가요?

A 분류가 바뀐 것입니다.

일본에만 서식하는 고유종 새의 종 수는 2012년 시점에서는 10종이었지만, 2023년에는 15종이 됐어요. 이는 신종이 발견되었기 때문은 아니에요. 그동안 아종으로 분류되던 새를 연구한 결과, 종이라고 생각해도 될 만한 명확한 차이점이 드러나 별종으로 취급해야 한다고 판단했기 때문이죠. 분류는 항상 바뀌어 가는 것이므로 앞으로도 종 수가 변화할지도 몰라요.

일본에 분포하는 꿩은 대륙에 분포하는 꿩의 아종으로 생각됐지만, 유전자를 자세히 조사한 결과, 대륙에 분포하는 꿩과 차이가 있다는 사실이 밝혀져서 별종으로 판단됐어요. 그에 따라서 일본에만 서식하는 고유종이 되었어요.

한 나라의 고유종이란

그 나라에 1년 내내 서식하며, 그 이외의 지역에는 서식이 알려지지 않은 종을 해당 나라의 '고유종'이라고 불러요.

▲일본에 분포하는 일본꿩.

▲대륙에 분포하는 꿩.

Q 아종에서 종이 된 새는 어떤 새가 있나요?

A 오키나와울새, 오가사와라방울새 등이 종이 됐어요.

오른쪽은 『일본조류목록 개정 제7판』(2012)에서는 아종이었으나 2023년에 발표된 『일본조류목록 개정 제8판』의 목록에서 종으로 승격된 주요 새들이에요.

▲오키나와울새. 일본 오키나와섬에 서식하는 아종 오키나와울새가 별종으로 인정돼, 종으로 승격했어요.

▲이리오모테곤줄박이. 일본 야에야마 제도에 서식하는 아종 이리오모테곤줄박이가 별종으로 인정됐어요.

▲오가사와라방울새. 일본 오가사와라 제도에 서식하는 아종 오가사와라방울새가 별종으로 인정됐어요.

Q 종에서 아종이 된 새도 있나요?

A 있습니다.

쇠홍방울새와 홍방울새는 별종 취급이었지만, 최신 분류에서는 쇠홍방울새가 홍방울새의 아종으로 여겨져요.

◀아종이 된 쇠홍방울새.

▶한때 쇠홍방울새와 별종이었던 홍방울새.

올빼미목
가면올빼미과

🔸 **가와카미 박사의 포인트!** 가면올빼미과 새는 시각보다 청력에 의지해서 사냥해요! 평평하고 둥근 얼굴은 '안반'이라고 불러요. 안반은 집음기처럼 소리를 모으는 작용을 하며, 작은 소리여도 들을 수 있어요. 그 덕에 설령 새카만 어둠 속에 있더라도 사냥감이 내는 작은 소리에 의지해서 잡을 수 있어요.

올빼미목 가면올빼미과, 올빼미과

원숭이올빼미는 왜 하얄까?

원숭이올빼미 무리의 몸은 수많은 야행성 새와는 달리 하얀색이에요. 왜 하얀색인지 오랫동안 수수께끼였지만, 그 이유가 명확해지고 있죠. 원숭이올빼미의 흰 깃털은 달빛을 반사하면 빛이 나요. 사냥감인 쥐는 그 빛을 보면 공포에 질려 움직일 수 없게 되는 습성이 있고, 원숭이올빼미는 그 순간을 노려 사냥한다는 것이 밝혀졌어요. 흰 몸 빛깔을 이용해서 쥐를 효율적으로 잡고 있었던 거예요.

원숭이올빼미

헛간 등의 오두막에 둥지를 틀며, 농가에 서식하는 쥐 등을 사냥해요. 수많은 아종이 있으며, 열대 지역의 아종은 몸집이 작고 색이 짙어지는 경향이 있어요.
🔴 29~44cm 🔵 소형 포유류 🟠 유럽, 아프리카, 인도, 동남아시아, 남북아메리카

🔴 몸길이 🔵 먹이 🟠 분포 🇰🇷 한국에서 볼 수 있음

올빼미과

올빼미목

🔍 가와카미 박사의 포인트!

둥근 얼굴에 늘어선 커다란 눈. 올빼미과의 얼굴은 마치 사람처럼 보이죠. 다른 새에 비하면 꽤 별난 얼굴인데, 이는 밤 생활에 적응했기 때문이에요. 얼굴의 정면에 늘어선 커다란 눈은 사물을 입체적으로 볼 수 있고, 먹잇감과의 거리를 정확히 알아챌 수 있어요. 얼굴의 둥글고 평평한 부분(안반)은 가면올빼미과와 같아요. 소리를 모으는 작용을 해서, 밤이어도 먹잇감을 찾아낼 수 있어요.

솔부엉이 🇰🇷
한국에 흔히 여름새로 건너와 새끼를 길러요. 천연기념물로 보호받고 있어요.
🔴 27~33cm 🔵 곤충, 조류
🟠 한국, 일본, 극동 러시아

칡부엉이 🇰🇷
한국의 겨울새예요. 주로 소나무 숲에 무리 지어 있으며, 밤에 활동해요. 천연기념물이에요.
🔴 35~40cm 🔵 소형 포유류, 조류
🟠 한국, 일본, 유라시아 대륙, 북아메리카

북방올빼미
좌우의 귓구멍 위치가 위아래로 크게 어긋나 있는 올빼미예요. 🔴 21~28cm
🔵 소형 포유류, 조류, 곤충
🟠 일본, 유라시아 대륙, 북아메리카

긴점박이올빼미 🇰🇷
한국에 텃새로 서식하며, 강원도 산악 지역에서 드물게 볼 수 있어요. '홋홋 홋홋, 홋호' 하고 울며, '호~ 호~' 하고 울지는 않아요. 🔴 43~62cm
🔵 소형 포유류, 조류
🟠 한국, 일본, 유라시아 대륙

올빼미목 올빼미과

블래키스톤물고기잡이부엉이

수가 적은 새로, 일본 홋카이도 동부와 러시아 일부 등에서 서식해요. 수리부엉이 다음으로 큰 부엉이예요. 주로 물고기를 먹어요. ■ 60~72cm
■ 물고기, 쥐 ■ 일본, 극동 러시아, 중국

수리부엉이

세계에서 제일 큰 부엉이예요. 최강의 새라고 일컬어지기도 해요. 수리나 매 등도 먹잇감으로 사냥해요. 천연기념물이에요.
■ 60~75cm ■ 포유류, 조류 ■ 유라시아 대륙

흰올빼미

북극권에서 번식하며 낮에도 활동해요. 한국에서는 미조로 발견된 적이 있어요.
■ 55~70cm ■ 소형 포유류, 조류 ■ 북극권, 일본

■ 몸길이 ■ 먹이 ■ 분포 🇰🇷 한국에서 볼 수 있음

긴꼬리올빼미 🇰🇷
낮에 활동해요. 꼬리가 길어서 나는 모습이 수리를 닮았어요.
- 36~39cm
- 소형 포유류, 조류
- 유라시아 대륙 북부, 북아메리카 북부

큰회색올빼미
침엽수로 이루어진 숲에 사는 커다란 올빼미예요. 얼굴의 평평한 부분(안반)이 크고, 청력이 굉장히 발달해 있어요.
- 59~69cm
- 소형 포유류, 조류
- 유라시아 대륙 북부, 북아메리카 북부

쇠부엉이 🇰🇷
한국에는 겨울에 찾아오는 겨울새예요. 갈대밭 위를 날며 지상에 있는 쥐 등을 잡아요.
- 약 37cm
- 소형 포유류, 조류
- 한국, 일본, 북아메리카, 남아메리카, 유라시아 대륙, 북아프리카와 아프리카 중앙부 일부

류큐소쩍새
일본 가고시마현 아마미 군도와 오키나와현, 필리핀 북부에만 서식해요. 곤충 등을 먹어요.
- 약 20cm
- 곤충
- 일본(아마미 군도, 오키나와현), 필리핀 북부

가시올빼미
초원에 서식하며, 땅속 구멍에 둥지를 트는 작은 올빼미예요. 구멍을 파는 일은 거의 없고, 다른 동물이 판 둥지 구멍을 이용해요.
- 19~25cm
- 곤충
- 북아메리카 중서부, 남아메리카

쥐새목
쥐새과

🔴 **가와카미 박사의 포인트!**

아프리카에 서식하는 꼬리 긴 새로, 몸길이는 30cm 정도예요! 약 2,000만 년 전 조류의 화석과 모습이 크게 다르지 않아요. 먹이는 식물의 잎과 열매예요. '츄-, 츄-' 하는 울음소리와 수풀 사이를 쥐처럼 돌아다니는 모습에서 이러한 이름이 붙었다고 여겨져요. 깃털의 구조가 특수하며, 부스스해요.

흰머리쥐새
(Colius leucocephalus)

체온이 떨어지기 쉬워요. 그래서 기온이 낮을 때는 여러 마리씩 붙어 서로를 따뜻하게 하는 행동을 보여요. 🔴 약 30cm
🔵 식물의 잎, 열매
🟠 케냐, 소말리아

얼룩쥐새
쥐새 중 가장 넓은 지역에 분포해요.
🔴 30~36cm 🔵 열매
🟠 사하라 사막 이남의 아프리카

뻐꾸기파랑새목
뻐꾸기파랑새과

🔴 **가와카미 박사의 포인트!** 전 세계에 한 종밖에 없는 특수한 새예요! 파랑새목에 속해 있었지만, 뻐꾸기파랑새목으로 독립했어요. 마다가스카르섬과 코모로 제도에 분포해요.

뻐꾸기파랑새
곤충과 도마뱀을 먹지만, 카멜레온을 가장 좋아해요. 암컷이 더 크게 자라요.
🔴 38~50cm 🔵 곤충, 파충류
🟠 마다가스카르섬, 코모로 제도

비단날개새과
비단날개새목

가와카미 박사의 포인트!

금속처럼 빛나는 아름다운 깃털을 지닌 새예요! 깃털은 아주 부드럽고 빈 틈없이 몸에 나 있어요. 아프리카와 중앙아메리카, 남아메리카, 동남아시아에 서식하는데, 정글 속에서는 의외로 눈에 띄지 않아요. 첫 번째 발가락과 네 번째 발가락이 뒤쪽으로 나 있는 것은 비단날개새류만의 특징이에요.

케찰
세계에서 가장 아름답다고 일컬어지는 새예요. 길게 뻗은 수컷의 깃털은 꽁지깃이 아니라 '상미통'이라는 부분이 길어진 구조예요. 🔴 수컷 90~120cm, 암컷 약 35cm 🔵 열매, 곤충 🟠 중앙아메리카

▲암컷에게는 수컷처럼 긴 장식깃은 없어요.

나리나비단날개새
(Apaloderma narina)
아프리카 열대 우림에 서식해요. 수컷은 광택 있는 녹색과 붉은색이 아주 아름다워요.
🔴 30~32cm
🔵 곤충, 열매 🟠 아프리카 중앙부의 열대 우림

주홍허리비단날개새
(Harpactes duvaucelii)
가슴에서 배, 허리의 붉은색이 크게 눈에 띄어요. 동남아시아 열대 우림에 서식해요.
🔴 23~24cm 🔵 곤충
🟠 말레이반도, 수마트라섬, 칼리만탄섬

코뿔새목
후투티과

🔶 **가와카미 박사의 포인트!** 머리에 아메리카 원주민 족장 같은 장식깃(도가머리)이 나 있어요! 흥분하면 쥘부채처럼 도가머리를 펼치지만, 바로 수그러들어요. 주로 지상을 걸어 다니면서 대형 곤충의 유충이나 번데기를 잡아요. 유라시아 대륙, 인도, 동남아시아, 아프리카 등 아주 넓은 지역에 분포해요.

후투티 🇰🇷
한국에서는 어디에나 분포하는 여름새예요. 주로 나무 구멍 속에 둥지를 틀어요.
- 🔴 26~32cm 🔵 곤충 🟠 한국, 일본, 유라시아 대륙, 동남아시아, 인도

코뿔새목
땅코뿔새과

🔶 **가와카미 박사의 포인트!** 지면에서 생활하는 코뿔새라서 땅코뿔새예요! 한때는 코뿔새과에 속했지만, 땅코뿔새과로 독립했어요. 전 세계에서 아프리카에 두 종밖에 없는 집단이에요.

남부땅코뿔새
지상을 걸어 다니며 동물의 사체와 뱀, 쥐 등을 먹어요. 밤에 잘 때는 나뭇가지 위에 앉아요. 아주 커다란 소리로 울기 때문에 5km 떨어진 곳까지 들릴 때도 있다고 해요.
- 🔴 90~100cm 🔵 동물의 사체, 작은 동물 🟠 아프리카 남동부

🔴 몸길이　🔵 먹이　🟠 분포　🇰🇷 한국에서 볼 수 있음

코뿔새목
코뿔새과

🔸 **가와카미 박사의 포인트!** 거대한 부리 위에 커다란 돌기가 있어, 마치 코뿔소의 뿔처럼 보여요! 그래서 코뿔새라고 불러요. 단, 이 돌기가 모든 코뿔새과 새에게 있지는 않아요. 돌기 속은 비어 있으며, 울음소리를 메아리치게 해서 큰 소리를 낼 수 있다고 여겨져요. 코뿔새가 열매를 먹고 변을 보는 것을 통해 수목의 씨앗이 광범위하게 퍼질 수 있으므로, 코뿔새는 숲을 가꾸는 중요한 역할을 담당하고 있죠. 번식기에는 암컷이 나무 구멍 속 둥지 안에 틀어박히는 특이한 습성이 있어요.

▶비행하는 큰코뿔새.

술라웨시주름코뿔새
(Rhyticeros cassidix)
인도네시아의 술라웨시섬과 그 주변의 섬에만 살아요. 암컷은 알을 낳고 새끼가 독립할 때까지 둥지의 입구를 변으로 막아 둬요. 일본명은 붉은혹코뿔새예요.
🔴 70~80cm 🔵 열매, 곤충 🟠 인도네시아(술라웨시섬)

큰코뿔새
코뿔새류 중에서 가장 큰 종이에요. 날갯짓할 때 아주 큰 소리를 내요.
🔴 95~105cm 🔵 열매, 곤충 🟠 동남아시아, 인도

붉은코뿔새
필리핀 숲에 서식하는 대형 코뿔새예요. 부리 위의 돌기가 완성되기까지 6년이 걸려요. 🔴 60~65cm 🔵 열매, 씨 🟠 필리핀

파랑새과

파랑새목

🔴 **가와카미 박사의 포인트!** 견고한 부리가 특징이에요! 유라시아 대륙 남부, 아프리카, 오스트레일리아, 동남아시아에 분포해요. 전망 좋은 나뭇가지에 앉아 있다가, 잠자리나 매미 등의 큰 곤충을 발견하면 휙 날아가 공중에서 잡아요.

파랑새목 파랑새과, 물총새과

파랑새 🇰🇷

큰 나무가 있는 곳, 도시공원, 낮은 산의 숲 등에 서식해요. 새끼에게 달팽이 껍데기나 조개껍질을 먹이면, 이는 근위(모래주머니)에서 먹은 곤충을 갈아 으깨는 데 쓰인다고 여겨져요.

🟥 27~32cm 🟦 곤충 🟧 동아시아, 동남아시아, 오스트레일리아

파랑새의 울음소리

일본에서는 파랑새가 예전에 '붓- 포우- 소우-' 하고 운다고 생각했어요. 하지만 사실 이 울음소리의 주인은 소쩍새였죠. 밤에 울기 때문에 모습이 보이지 않았으므로, 같은 장소에서 자주 보이는 파랑새의 울음소리라고 착각한 거예요. 참고로 진짜 파랑새는 '게게게겍' 하고 울어요.

▶소쩍새. 한국에서는 여름새이며, 천연기념물이에요.

물총새과

파랑새목

가와카미 박사의 포인트!
물총새류의 특징은 커다란 부리예요! 물고기, 개구리, 도마뱀, 곤충 등의 작은 동물을 잡을 때는 커다란 부리가 필요하죠. 다리도 아주 독특한데, 두 개의 발가락이 중간부터 달라붙어 있어요. 이는 둥지 구멍을 팔 때, 삽처럼 흙을 퍼내는 데 도움이 돼요.

물총새
물속으로 뛰어들어 물고기를 잡아요. 한때 개체 수가 줄었지만, 최근에는 도시에서도 관찰돼요. 강가의 그늘 등지에서 구멍을 파고 둥지를 만들어요.
- 약 16cm
- 물고기
- 한국, 일본, 유라시아 대륙, 동남아시아, 아프리카

흰꼬리물총새
수컷과 암컷 둘 다 최장 18cm나 되는 기다란 꽁지깃을 지녔어요.
- 29~37cm
- 곤충, 작은 동물, 조개류
- 뉴기니섬, 오스트레일리아 북동부

짤막 지식 한국에서는 조류 센터 등에서 안전한 인공 새집을 설치하기도 해요. 파랑새를 비롯한 다양한 새들이 이용해요.

파랑새목 물총새과, 벌잡이새과

뿔호반새
주로 산지의 강에서 관찰돼요. 흥분하면 머리에 있는 도가머리를 세우는데, 길이가 8cm에 달하기도 해요. ■ 41~43cm ■ 물고기 ■ 일본, 중국

호반새 🇰🇷
숲에 서식해요. 지상으로 날아 내려와 개구리, 곤충, 때로는 뱀 등도 사냥해요. 흰개미가 흙으로 만든 둥지에 구멍을 파고 둥지를 틀기도 해요. ■ 약 25cm ■ 곤충, 게, 개구리, 뱀 ■ 한국, 일본, 동남아시아

청호반새 🇰🇷
한국에서는 드물지만 전 지역에 걸쳐 번식하는 여름새예요. 주로 농경지와 산지의 물가 등에 서식해요. ■ 약 28cm ■ 곤충 ■ 한국, 일본, 중국, 동남아시아, 인도

웃음물총새
울음소리가 사람이 웃는 소리처럼 들려서 이러한 이름이 붙여졌어요. 도마뱀이나 뱀 등, 지상에 서식하는 작은 동물은 뭐든지 먹어요. ■ 39~42cm ■ 곤충, 파충류 ■ 오스트레일리아

■ 몸길이 ■ 먹이 ■ 분포 🇰🇷 한국에서 볼 수 있음

파랑새목
벌잡이새과

🔴 **가와카미 박사의 포인트!** 날아다니면서 벌, 잠자리 등의 곤충을 가늘고 긴 부리로 확 잡아채요. 다리가 아주 짧은데, 이는 절벽에 판 터널을 둥지로 삼기 때문이에요. 숲에 서식하는 종과 작은 종은 홀로 둥지를 틀지만, 광활한 환경에 서식하는 대형종은 몇백 마리씩 모여 집단 번식해요. 종 대부분은 부부 이외에도 새끼 양육을 도와주는 '헬퍼'라는 무리 속 동료가 있어요.

무지개벌잡이새
'벌잡이새'라는 이름대로 벌을 잘 먹는 새예요. 잡은 벌의 배를 나뭇가지로 문질러 독침을 부순 다음 먹어요.
🔴 약 20cm 🔵 곤충 🟠 뉴기니섬, 오스트레일리아, 인도네시아(술라웨시섬)

쇠벌잡이새
단독으로 번식하는 작은 벌잡이새예요. 밤에는 몸을 덥히기 위해 여러 마리가 붙어 잠들어요.
🔴 약 17cm 🔵 곤충 🟠 아프리카

흰목벌잡이새
10~20쌍이 모여 새끼를 길러요. 둥지 하나에 많을 때는 다섯 마리의 헬퍼가 있어요.
🔴 약 23cm 🔵 곤충 🟠 아프리카

유럽벌잡이새
유럽 남부 등지에서 번식하고 겨울에는 아프리카로 이동해요. 부부는 평생 함께 생활해요.
🔴 약 28cm 🔵 곤충 🟠 유럽, 서아시아(번식지), 아프리카 남부(월동지)

붉은벌잡이새
100~1,000쌍의 큰 집단으로 번식해요. 둥지 구멍의 깊이가 때로는 3m를 넘어요.
🔴 24~27cm 🔵 곤충 🟠 아프리카

아하! **가와카미 박사의 심층 칼럼 ⑪**

비기 공개! 도구를 사용하는 새

새는 각자 먹잇감을 잡는 데 적합한 부리 모양을 지녔어요. 하지만 개중에는 그 부리로는 잡을 수 없는 사냥감도 도구를 써서 훌륭하게 잡는 새가 있죠. 더 나아가서, 도구를 쓰는 것뿐만 아니라 만들어 내는 새도 있어요.

비기! 민달팽이 낚시

판다누스라는 식물의 잎은 테두리에 가시가 있어요. 이 식물의 잎을 부리로 잘라 도구를 만들고, 부리로는 닿지 않는 곳에 있는 민달팽이를 가시로 긁어 잡아요.

뉴칼레도니아까마귀
태평양에 떠 있는 뉴칼레도니아에 서식하는 뉴칼레도니아까마귀는 도구를 이용해 먹잇감을 잡는다고 알려져 있어요.

비기! 선인장 가시로 포획

선인장 가시 등을 도구로 이용해서 나무 속에 있는 벌레를 찔러 잡아요.

비기! 하늘소 유충 낚시

하늘소 유충은 나무줄기의 깊은 곳에 숨어 있으며, 나뭇가지를 이용해 잡아요. 유충이 나뭇가지 끝을 물게 해서 낚아 올리죠.

딱따구리핀치
갈라파고스 제도에 서식하는 작은 새로, 갈라파고스 스핀치 무리에 속해요. 부리로는 닿지 않는 나무 속 벌레를 도구로 잡아요.

비기! 나무껍질 벗기기

나무껍질을 벗기기 위해 다른 나무껍질 등을 도구로 사용하는 모습이 관찰돼요.

갈색머리동고비
북아메리카 남동부의 솔숲 등에 서식하는 작은 새예요. 부리로는 벗길 수 없는 나무껍질을 도구를 이용해 벗기고, 거미 등을 찾아서 먹어요.

비기! 돌로 알 깨부수기

타조의 알 껍질은 두껍고 단단해요. 이 알을 먹을 때는 돌을 부리로 물고 던져서 깨 먹죠. 이 기술은 배워서 학습하는 것이 아니라 날 때부터 지니는 습성이라고 생각돼요.

이집트대머리수리
아프리카에 서식하는 이집트대머리수리는 동물의 사체 외에도 타조 알을 깨 먹어요.

딱따구리목
왕부리새과

딱따구리목 왕부리새과, 벌꿀길잡이새과

가와카미 박사의 포인트! 중앙아메리카에서 남아메리카에 걸친 열대 우림에 서식하는 새예요. 부리가 자신의 몸과 비슷할 정도로 거대한 종도 있어요. 화려한 부리는 구애할 때와 동종을 인식할 때 쓰일 것으로 추측하죠. 수컷과 암컷의 색은 거의 비슷해요. 주로 열매를 먹는데, 커다란 부리로 능숙하게 집어 먹어요. 그 밖에도 곤충과 새의 알 등을 먹기도 해요. 둥지는 나무 구멍 속에 지어요.

토코투칸
왕부리새류 중에서 가장 커요. 부리의 길이가 20cm 이상에 달하지만, 폭은 좁고 아주 가벼운 구조로 돼 있어요. ■ 55~61cm ■ 열매
■ 브라질, 아르헨티나

무지개왕부리새
(Ramphastos sulfuratus)
이름처럼 가장 화려한 부리를 지닌 왕부리새예요.
■ 46~51cm ■ 열매 ■ 중앙아메리카

■ 몸길이 ■ 먹이 ■ 분포 🇰🇷 한국에서 볼 수 있음

컬뿔부리새 (Pteroglossus beauharnaisii)
아마존 열대 우림에 서식해요. 머리에 난 깃털이 말린 리본 모양 같아요.
- 🟥 42~46cm 🟦 열매
- 🟧 브라질, 페루

에콰도르산왕부리 (Andigena laminirostris)
콜롬비아와 에콰도르의 극히 일부 지역에만 서식해요. 표고 1,300~2,500m 산속의 숲에서 살아요.
- 🟥 46~51cm 🟦 열매
- 🟧 콜롬비아, 에콰도르

붉은꽁지쇠왕부리 (Aulacorhynchus haematopygus)
몸이 녹색을 띠는 쇠왕부리류예요. 안데스산맥 표고 300~2,200m 산속의 숲에 서식해요.
- 🟥 40~45cm 🟦 열매
- 🟧 베네수엘라, 콜롬비아

딱따구리목
벌꿀길잡이새과

가와카미 박사의 포인트!
벌집 안쪽의 벽(밀랍)을 먹는 아주 특이한 새예요! 발가락이 앞쪽으로 두 개, 뒤쪽으로 두 개 있는 등, 딱따구리와 같은 특징을 지녔어요. 모든 종이 탁란성으로, 딱따구리나 벌잡이새의 둥지에 알을 낳아요.

밤색귀아라카리 (Pteroglossus castanotis)
주로 아마존강 상류에 있는 습지의 숲에 서식해요.
- 🟥 43~47cm 🟦 열매
- 🟧 브라질, 콜롬비아, 페루

큰꿀잡이새
아프리카에 서식해요. 밀랍 외에도 벌의 유충이나 알을 먹어요.
- 🟥 19~20cm
- 🟦 밀랍, 벌의 유충 또는 알
- 🟧 아프리카

딱따구리과

딱따구리목

도토리딱따구리
다른 딱따구리처럼 나무를 쪼아 먹이를 찾지 않고, 주로 도토리를 먹어요. 줄기에 구멍을 뚫어 도토리를 저장하는 습성이 있으며, 많으면 구멍을 5만 개 뚫는다고 해요.
- 약 23cm
- 도토리류, 곤충
- 북아메리카 서부, 중앙아메리카

가와카미 박사의 포인트!
딱따구리는 여러분도 알다시피 나무를 쪼아 구멍을 뚫는 새예요. 부리는 목공 도구인 '끌'처럼 예리해서 딱딱한 나무줄기도 깎을 수 있어요. 또 나무줄기에 세로로 앉는 것도 딱따구리의 특기죠. 발가락 중 가장 바깥쪽 발가락이 옆으로, 혹은 뒤로 향해 나 있어서 줄기를 제대로 잡을 수 있어요. 꽁지깃은 중앙에 있는 두 장이 단단하고 견고하므로 줄기에 붙이고 몸을 지탱해요. 주로 개미를 먹는 종이 많은 것도 특징이에요. 개미는 독이 있어서 대부분의 새들은 별로 먹지 않으니까요.

큰오색딱따구리 🇰🇷
한국 전역에서 드물게 볼 수 있는 텃새예요. 주로 산림 지대에서 생활해요.
- 23~28cm
- 곤충, 열매
- 한국, 일본, 유라시아 대륙

쇠딱따구리 🇰🇷
한국 전역에 분포하는 텃새예요. 주로 산림에 서식하며, 한국과 일본, 중국 동북부에 살아요.
- 약 15cm
- 곤충, 열매
- 한국, 일본, 중국 동북부

청딱따구리 🇰🇷
한국 전역에서 볼 수 있는 텃새예요. 일본청딱따구리와 비슷하지만, 배에 줄무늬 모양이 없어요.
- 26~33cm
- 곤충, 열매
- 한국, 일본(홋카이도), 유라시아 대륙

몸길이 · 먹이 · 분포 · 🇰🇷 한국에서 볼 수 있음

개미잡이 🇰🇷

긴 혀를 사용해 개미를 먹어요. 한국에는 봄 무렵에 찾아와서 번식하는 여름새예요. '키- 키- 키-' 하고 울어요.
- 약 17cm
- 곤충(개미)
- 한국, 일본, 유라시아 대륙, 아프리카

적갈색꼬마딱따구리
(Sasia abnormis)

동남아시아의 숲에 서식하는 아주 작은 딱따구리예요. 주로 개미를 먹어요. 꼬리가 아주 짧아요.
- 약 9cm
- 곤충(개미)
- 동남아시아

오색딱따구리 🇰🇷

우리나라 전역에서 관찰되는 텃새예요. 딱따구리 중 제일 흔하게 볼 수 있어요.
- 20~24cm
- 곤충, 열매
- 한국, 일본, 유라시아 대륙

오키나와딱따구리

일본 오키나와섬 북부에만 서식하는 세계적으로 희소한 새예요. 멸종이 우려되고 있어요. 종종 지상에서 벌레를 잡아요.
- 31~35cm
- 곤충, 열매
- 일본(오키나와섬)

일본청딱따구리

일본 고유종이지만, 일본의 홋카이도와 오키나와에는 없어요. 도시공원 등에서도 볼 수 있어요.
- 약 30cm
- 곤충, 열매
- 일본(혼슈, 시코쿠, 규슈)

딱따구리목 딱따구리과

느시사촌목 느시사촌과

쇠오색딱따구리
한국에도 드물게 서식하는 딱따구리예요. 유라시아 대륙에 널리 분포하며, 많은 아종이 존재해요. ● 약 16cm ● 곤충
● 한국, 일본(홋카이도), 유라시아 대륙

까막딱따구리
검고 커다란 딱따구리로, 천연기념물이에요. 한국에도 분포하지만 드물게 관찰되는 편이에요. 주로 개미를 먹어요.
● 45~55cm ● 곤충(개미), 열매
● 한국, 일본, 유라시아 대륙

힐라딱따구리
북아메리카 사막에 서식하며, 커다란 기둥선인장에 둥지를 틀어요. ● 21~24cm ● 곤충
● 북아메리카 남서부

세가락딱따구리
타이가라고 불리는 북방 침엽수림 지대에서 서식하는 딱따구리류예요. 한국에서는 백두산 일대에 서식하는 보기 드문 텃새예요.
● 20~24cm ● 곤충, 열매
● 한국, 일본, 유라시아 대륙

◀ 힐라딱따구리가 뚫은 구멍은 엘프올빼미가 이용해요.

● 몸길이 ● 먹이 ● 분포 ● 한국에서 볼 수 있음

느시사촌과

느시사촌목

🔸 **가와카미 박사의 포인트!** 긴 다리가 특징이에요. 거의 날지 않고 지상을 걸으며 곤충, 도마뱀 등을 찾아 먹어요. 남아메리카에 서식하며, 붉은다리카리아마와 검은다리카리아마 두 종이 존재해요. 느시와는 분류가 달라요.

검은다리카리아마
검은다리느시사촌이라고도 해요. 건조한 삼림의 지상에서 생활해요. 🔴 70~85cm 🔵 곤충, 작은 동물 🟠 남아메리카

▲적을 위협하고 있어요.

붉은다리카리아마
남아메리카 브라질 동부에서 아르헨티나에 걸친 초원에 서식해요. 시속 70km로 달릴 수 있어요. 붉은다리느시사촌이라고도 해요. 🔴 75~90cm 🔵 곤충, 소형 포유류, 파충류 🟠 브라질, 아르헨티나

▶부리 위쪽에 붙어 있는 장식깃이 눈에 띄어요.

공포새 포루스라코스는 느시사촌목일까?

아주 옛날에 있었던 거대한 날지 못하는 육식성 새인 포루스라코스는 느시사촌목으로 분류돼요. 느시사촌목 대부분은 멸종해 버렸지만, 느시사촌과의 두 종만이 남아 있어요.

매과

매목

  가와카미 박사의 포인트!

엄청난 속도로 하늘을 날며 새와 곤충을 노리는 매! 먹잇감을 노리고 급강하하는 속도는 시속 200km에서 300km 사이라고도 해요. 예리하고 굽은 부리와 먹이를 붙잡는 견고한 다리 등은 수리과 새와 같지만, 날개가 길고 가늘며 끝이 날카롭다는 점은 달라요. 이는 매과가 수리과보다 빨리 날기 때문이에요. 예전에는 수리목으로 분류돼 있었지만, 별종이라는 사실이 확인됐죠. 수리와 비슷한 생활 양식을 선택했기 때문에 비슷한 모습이 된 것으로 여겨져요.

황조롱이 🇰🇷
팔락거리는 특징적인 날개를 휘저으며 날아요. 그늘에 둥지를 만드는데, 도시 빌딩의 배기구나 철교 틈을 둥지로 삼기도 해요. 한국에서는 텃새이며 천연기념물이에요.
🟥 32~39cm 🟦 조류, 소형 포유류, 곤충
🟧 한국, 일본, 유라시아 대륙, 아프리카

쇠황조롱이
고속으로 저공 비행하며, 작은 새를 사냥해요. 한국에서 드물게 겨울을 나는 겨울새예요.
🟥 24~33cm 🟦 조류, 소형 포유류 🟧 북반구

매
해안가 등의 트인 장소에 서식하며, 새를 고속으로 쫓아가서 잡아요. 절벽에 비죽 튀어나온 바위 등에 둥지를 틀지만, 최근에는 도시의 빌딩에서 번식하는 사례가 늘고 있어요. 천연기념물이에요. 🟥 34~50cm 🟦 조류 🟧 전 세계(남극 제외)

카라카라
죽은 동물을 주로 먹어요. 초원 등의 탁 트인 장소에 서식하며, 생활하는 시간 대부분은 지상에서 활동해요. 🟥 49~59cm
🟦 동물의 사체
🟧 북아메리카 남부, 중앙아메리카, 남아메리카

붉은허벅지콩새매
세계에서 가장 작은 맹금류예요. 참새 정도의 크기예요. 주로 곤충을 먹지만, 때로는 도마뱀을 공격해 잡아먹어요. 🟥 15~18cm 🟦 곤충, 도마뱀 🟧 인도, 네팔, 미얀마, 태국

새홀리기
한국에서는 주로 나그네새예요. 여름새나 텃새인 경우도 있어요. 까마귀가 다 쓴 둥지를 이용해 둥지를 만들어요. 🟥 28~36cm 🟦 조류, 소형 포유류, 곤충 🟧 한국, 일본, 유라시아 대륙, 아프리카

짤막 지식 황조롱이가 비행하는 모습은 왕잠자리가 나는 모습과 비슷하다고 해요.

아하! 가와카미 박사의 심층 칼럼 ⑫
새와 감염증

감염증은 바이러스, 세균 등의 감염체가 사람이나 동물의 몸속에 침입해서 생기는 병이에요. 그중에는 조류 인플루엔자 같은 새 특유의 감염증이 있죠. 또한, 감염증 중에는 동물과 사람 양쪽에 감염되는 것도 있어서, 한번 사람에게 감염이 퍼지면 우리 생활에 큰 영향을 미치기도 해요.

조류 인플루엔자가 뭔가요?

조류 인플루엔자는 조류 인플루엔자 바이러스에 의해 생기는 감염증으로, 새나 사람이 걸리는 병이에요. 이 바이러스는 주로 오리류의 몸속에 있으며, 수많은 새에게 감염되어 가는 동안 돌연변이를 일으켜, 죽음에 이르는 강한 병원성을 가진 바이러스로 변하고 말죠. 그중에서도 가축인 닭에게 감염돼 버리면 대량의 닭을 처분해야만 해서, 산업에 심각한 악영향을 미치게 돼요. 강한 병원성 바이러스가 오리에게 재감염해 보유하게 되면 영향이 확대되는 경우가 문제시되고 있어요.

조류 인플루엔자 감염의 흐름

조류 인플루엔자 Q&A

Q 조류 인플루엔자는 사람에게 감염되지 않나요?

A 새로부터 사람에게는 좀처럼 감염되지 않지만, 극히 드물게 감염되는 일이 있습니다.

조류 인플루엔자 바이러스는 보통 새의 세포에만 침입할 수 있어서, 사람에게는 감염되기 어렵다고 여겨져요. 단, 감염된 새의 대변을 포함한 먼지를 대량으로 들이마신 경우 등에서는 감염된 사례가 있어요.

조류 인플루엔자가 발생한 양계장. 바이러스가 퍼지지 않도록 닭을 전부 처분하고 주변을 소독해요.

Q 오리에게는 접근하지 않는 편이 좋을까요?

A 극단적으로 다가가지만 않으면 문제없습니다.

오리가 조류 인플루엔자를 지니고 있어도, 가까이 가는 것만으로 감염되는 일은 좀처럼 없어요. 하지만 대변에 바이러스가 있기도 해서, 신발에 붙어 옮을 가능성이 있어요. 새의 대변을 밟지 않도록 물가에 가까이 가지 않거나 먹이를 주지 않는 등의 주의가 필요하죠. 또한, 죽은 새가 있다면 맨손으로 만지지 않도록 해요.

오리나 고니가 서식하는 못에 설치된 간판. 조류 인플루엔자 대책에 관한 당부가 일본어로 적혀 있어요.

야생 조류에게도 중대한 피해를 주는 경우가……

2021~2022년 겨울, 이스라엘에 있는 검은목두루미 월동지에서 조류 인플루엔자에 의해 검은목두루미 약 5,000마리가 사망하는 피해가 발생했어요. 또한, 일본에서는 2022년에 가고시마현 이즈미에서 월동하고 있던 흑두루미를 포함한 새 약 1,000마리가 사망하는 등, 야생 조류에게도 심각한 영향을 초래하고 있죠. 게다가 매나 흰꼬리수리 등의 포식자가 감염된 새를 먹고 죽어 버리기도 해요. 이처럼 적색 자료 목록에 실린 멸종 위기 생물에게도 조류 인플루엔자의 영향이 미치고 있어서 새로운 위협 중 하나가 됐어요.

이스라엘 훌라 호수에서 연구자들이 죽은 검은목두루미를 회수하고 있어요.

이런저런 새의 감염증

앵무병

앵무병 클라미디아라는 세균에 의한 감염증이에요. 앵무새나 잉꼬, 비둘기 등의 몸속에 이 세균이 있는 경우가 있고, 마른 대변을 먹거나 먹이를 입으로 머금었다가 주는 행위를 통해 사람에게도 감염돼요. 사람이 감염되면 열이 나거나 기침이 나는 등 인플루엔자와 비슷한 증상을 보인다고 해요.

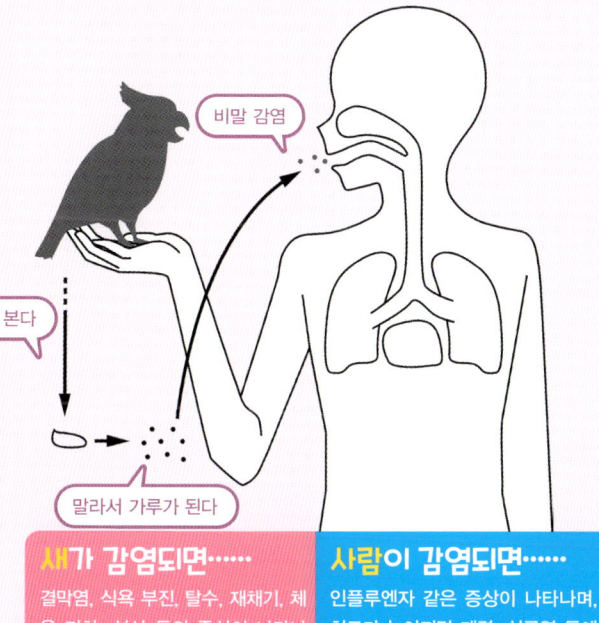

새가 감염되면……
결막염, 식욕 부진, 탈수, 재채기, 체온 저하, 설사 등의 증상이 나타나요.

사람이 감염되면……
인플루엔자 같은 증상이 나타나며, 치료가 늦어지면 폐렴, 심근염 등에 걸릴 수 있어요.

웨스트나일열

1937년에 아프리카 우간다에서 사람의 감염이 확인된 감염증이에요. 이후 서아시아와 유럽 등에서 발병 사례가 보고되었고, 1999년에 아메리카에서 유행해 문제시됐어요. 웨스트나일열 바이러스는 피를 빤 모기에 의해 새들 사이에서 감염이 퍼지는 성질이 있으며, 새로부터 직접 사람에게 감염되지는 않아요. 하지만 바이러스를 지닌 모기에게 물리면 사람도 감염돼요. 대부분은 무증상이나 감기 같은 증상으로 지나가지만, 고령자는 중증으로 번지기도 해요. 한국에서는 해외에서 감염된 사례를 제외하고 아직 발생하지 않았으나, 바이러스를 지닌 모기가 유입되는 일은 경계하고 있어요.

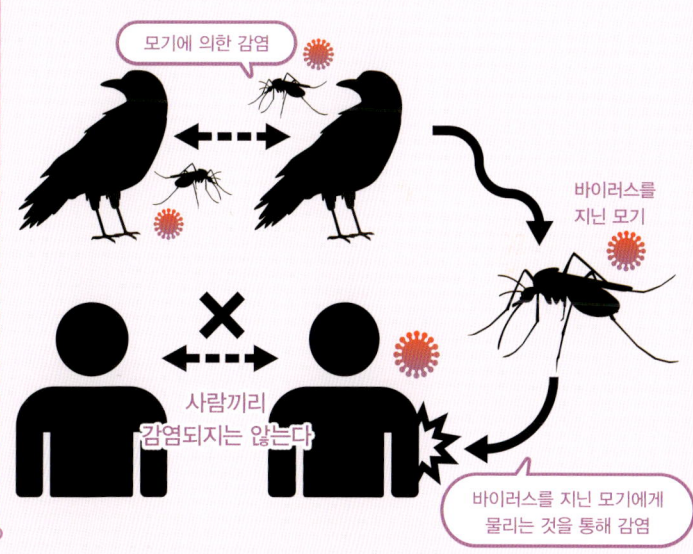

'원헬스'란 무엇인가요?

사람과 동물의 건강, 환경(생태계)의 건전성을 서로 이어진 하나의 것으로 받아들이고, 이를 지키는 것은 사람들이 안심하고 살 수 있는 일로 이어진다는 사고방식이에요. 동물과 사람 사이에서 감염되는 병은 '인수 공통 감염증'이라고 하며, 감염증 중 약 60%를 차지한다고 해요. 그리고 그 발생 수는 매년 계속 늘어나 우리의 생활에 심각한 영향을 미치고 있죠. 이 시점에서 환경의 건전성과 가축이나 야생 동물의 건강, 그리고 사람의 건강이라는 세 가지 요소를 일체적으로 지키는 것으로써 동물 유래 감염증을 예방하려 하는 거예요.

앵무목
뉴질랜드앵무과

🔸 **가와카미 박사의 포인트!** 뉴질랜드에서 진화한 앵무로, 신기한 점이 많아요. 육식성 포유류가 없는 환경에 서식하여 야행성이거나, 날지 않거나, 육식성을 보이는 등 특이하게 진화했어요.

카카포
날지 못하는 야행성 앵무예요. 낮에는 바위틈이나 쓰러진 나무 밑에 숨어 있어요. 밤이 되면 지상을 걸어 다니며 먹이를 찾아요. 개체 수가 아주 적어 멸종이 우려되고 있어요. 🔴 약 64cm 🔵 씨, 열매, 새잎 🟠 뉴질랜드

케아앵무
뉴질랜드 산악 지대에 서식하며, 등산하는 사람의 짐 등에 장난을 치는 것으로 유명해요. 양을 공격하기도 해요.
🔴 약 48cm
🔵 씨, 열매, 동물의 사체
🟠 뉴질랜드

앵무목
관앵무과

🔸 **가와카미 박사의 포인트!** 관앵무과는 목도리앵무과에 가까운 새 무리로, 오스트레일리아와 뉴기니섬 주변에 서식해요. 화려한 종은 없고 대개 하얗거나 검은 수수한 색의 날개를 지녔어요. 머리에 도가머리라는 장식깃이 발달했으며, 흥분하거나 하면 곤두서요.

야자잎검은유황앵무새
열대 우림에 서식하며, 야자 열매는 물론 다양한 나무의 씨와 열매를 먹어요. 🔴 55~60cm
🔵 씨, 열매 🟠 뉴기니섬, 오스트레일리아

큰유황앵무
사육하면 말을 아주 잘 하는 새예요.
🟥 45~55cm
🟦 씨, 열매 🟧 오스트레일리아, 뉴기니섬

메이저미첼유황앵무
매우 장수하는 새로, 83살까지 산 기록이 있어요. 흥분하면 도가머리를 펼쳐요. 🟥 약 35cm
🟦 씨, 열매
🟧 오스트레일리아

왕관앵무
건조한 초원에 서식하고 있어요.
🟥 약 33cm 🟦 씨
🟧 오스트레일리아

앵무과

앵무목

가와카미 박사의 포인트!

한때는 같은 앵무과로 분류돼 있던 새의 유전자(DNA) 등을 조사한 결과, 앵무과와 목도리앵무과로 나뉜다는 사실이 밝혀졌어요. 앵무과는 아프리카와 남북아메리카에 분포해요. 튼튼하고 굽은 부리를 지녀, 단단한 씨를 간단하게 부수는 힘이 있어요. 나무를 부리로 찍어서 오르는 기술도 가졌죠. 부리를 이용해 나무를 오르는 것은 앵무목 새의 큰 특징 중 하나예요. 또, 사람 말을 연습해서 말하는 것은 유명해요.

앵무목 앵무과, 목도리앵무과

회색앵무
아프리카의 열대 우림에 서식해요. 머리가 좋아서 훈련하면 간단한 계산을 할 수도 있고 말을 조합해서 얘기하는 능력을 지녔어요.
- 28~39cm
- 열매, 씨
- 서아프리카

매커우
주로 남아메리카 아마존강 유역의 정글에 서식하는 대형 앵무예요. 스칼렛금강앵무라고도 해요.
- 84~89cm
- 씨, 열매
- 중앙아메리카, 남아메리카

하야신스마코금강앵무
온몸이 파랗고 아름다운 대형 앵무예요. 개체 수가 적어 멸종이 우려되고 있어요.
- 약 100cm
- 야자 열매
- 남아메리카

몸길이 ■ 먹이 ■ 분포 ■ 한국에서 볼 수 있음

앵무목
목도리앵무과

🔸 **가와카미 박사의 포인트!**

아시아와 오스트레일리아에 분포하는 종이 많지만, 장미목도리앵무를 비롯한 몇 종은 아프리카에도 분포해요. 몸의 특징과 습성 등은 앵무과와 같아요. 앵무과, 목도리앵무과는 화려한 종이 많다는 특징이 있어요.

뉴기니앵무
녹색은 수컷이고 붉은색은 암컷이에요. 암수의 색이 전혀 달라요. 🔴 약 43cm 🔵 씨 🟠 뉴기니섬

장미목도리앵무
인도와 아프리카에 서식하고 있어요. 일본에서는 기르던 개체가 야생화되어 도쿄 등에서도 보인다고 해요.
🔴 37~43cm 🔵 씨, 열매
🟠 인도, 스리랑카, 아프리카

사랑앵무
오스트레일리아의 건조 지대에 서식하며, 물가에서 거대한 무리를 이루기도 해요.
🔴 17~20cm 🔵 씨 🟠 오스트레일리아

참새목

팔색조과

🔶 **가와카미 박사의 포인트!** 팔색조 무리는 암수 모두가 화려해요! 꽁지깃이 아주 짧으며, 둥그스름한 모양이 사랑스럽죠. 다리가 긴 이유는 항상 지상에서 생활하기 때문이에요. 걸어 다니며 땅속의 지렁이와 곤충 등을 찾아 먹고 있어요.

참새목 팔색조과, 무희새과, 거문고새과

파란띠팔색조
(Erythropitta arquata)
칼리만탄섬 북부의 낮은 산에 서식하는 팔색조예요. 가슴에 목걸이 같은 파란 깃털이 있어요.
🔴 약 15cm 🔵 개미 등의 곤충
🟠 칼리만탄섬

팔색조 🇰🇷
전 세계적으로 개체 수가 적은 새예요. 한국에서는 희귀한 여름새로 찾아와 번식하며, 천연기념물이에요.
🔴 약 19cm 🔵 곤충, 지렁이
🟠 한국, 일본, 중국(번식지), 칼리만탄섬(월동지)

참새목

무희새과

🔶 **가와카미 박사의 포인트!** 중남미 열대 우림에 서식하는 무희새과 수컷의 춤은 한 마디로 굉장해요! 엄청난 속도로 날아 나뭇가지와 나뭇가지 사이를 오가거나, 수컷 두 마리가 쌍을 이루고 빙글빙글 춤추거나, 초고속 날갯짓으로 기묘한 소리를 내는 등, 새라고는 생각되지 않는 움직임으로 암컷에게 구애해요.

흰턱수염무희새
초고속으로 나뭇가지에서 나뭇가지로 왕복하며, 날개로 '치치칫' 하는 소리를 내서 구애해요.
🔴 약 11cm 🔵 열매, 곤충
🟠 남아메리카 북부와 동부

푸른등무희새
두 마리의 수컷이 공동으로 춤을 춰 암컷에게 구애해요.
🔴 약 12cm 🔵 열매, 곤충
🟠 남아메리카(아마존강 유역)

🔴 몸길이 🔵 먹이 🟠 분포 🇰🇷 한국에서 볼 수 있음

참새목
거문고새과

🔶 **가와카미 박사의 포인트!**

춤추고 노래할 수 있는 아이돌 같은 새예요! 20분이나 계속되는 수컷의 지저귐은 다른 새를 흉내 낸 울음소리가 섞여 이루어졌어요. 노련한 개체는 15종의 울음소리를 따라 할 수 있다고 하니 놀라워요. 게다가 자기 영역 안에 열 개의 공연장을 만들어, 꽁지깃을 머리 위까지 세우고 기묘한 춤을 춰서 암컷에게 구애해요.

큰거문고새
오스트레일리아 남동부에 있는 유칼립투스 나무가 자라는 숲에 서식해요. 주로 지상에서 땅속의 작은 생물을 먹어요. 참새목에서 가장 큰 새예요. 🔴 약 103cm
🔵 곤충, 토양 생물 🟠 오스트레일리아

와이어꼬리마나킨 (Pipra filicauda)
수컷은 등의 깃털을 펼치고 나뭇가지 위를 왔다 갔다 하며 구애해요. 바늘처럼 가는 꽁지깃을 지녔으며, 이 깃털로 암컷의 목을 간질여요.
🔴 약 11.5cm 🔵 열매, 곤충
🟠 남아메리카 북부

방망이날개무희새
1초 동안 107번에 달하는 속도로 날개를 퍼덕여, 특이한 모양의 날개축을 비벼서 소리를 내는 행동으로 구애해요. 🔴 약 10cm
🔵 열매, 곤충 🟠 콜롬비아에서 에콰도르까지에 위치한 안데스산맥 중 극히 일부 지역

황금머리마나킨 (Ceratopipra erythrocephala)
나뭇가지 한 개에 수컷 여러 마리가 모여 구애의 춤을 춰요.
🔴 약 8cm 🔵 열매, 곤충 🟠 남아메리카 북부

참새목
바우어새과

참새목 바우어새과, 큰부리때까치과, 할미새사촌과

🔸 **가와카미 박사의 포인트!**

바우어새과의 수컷은 놀라운 예술가예요! 작은 나뭇가지를 엮어 높이 2m에 달하는 탑을 쌓거나, 형형색색의 열매와 꽃을 모아 정원을 만들어요. 이 정원은 둥지가 아니라 단지 암컷에게 구애하기 위해 만든 곳이에요. 암컷이 오면 수컷은 춤을 춰서 구애하죠. 암컷이 마음에 들어 할지 아닐지는 정원과 춤의 완성도에 달려 있어요.

보겔콥바우어새
작은 나뭇가지로 이루어진 돔을 지어요. 돔의 크기는 지름 2m, 높이 1m에 달하죠. 그 주변에는 형형색색의 열매나 꽃을 장식해요. ■약 25cm ■열매, 곤충 ■뉴기니섬

◀ 보겔콥바우어새 수컷이 만든 거대한 정원.

큰바우어새
작은 나뭇가지로 울타리 같은 것을 만들고, 주변에 달팽이 껍질을 잔뜩 모아요. 오른쪽이 수컷이에요. ■약 35cm ■열매, 곤충 ■오스트레일리아 북부

새틴바우어새
작은 나뭇가지로 울타리 같은 것을 만들고, 푸른 물건으로 그 주변을 장식해요. 왼쪽이 수컷, 오른쪽이 암컷이에요. ■약 33cm ■열매, 곤충 ■오스트레일리아 동부

황금바우어새 (Prionodura newtoniana)
작은 나뭇가지를 쌓아 올린 탑을 두 개 짓고, 탑 사이를 잇는 횃대를 놓아요. 크면 높이 3m에 달하기도 해요. ■약 25cm ■열매, 곤충 ■오스트레일리아 북동부

참새목
큰부리때까치과

🟡 **가와카미 박사의 포인트!** 색이나 모양, 특히 부리의 모양이 종에 따라 매우 다양해서 같은 무리에 속한다고는 생각되지 않아요. 하지만 유전자(DNA)를 검사한 결과, 모두 같은 무리인 것이 확인되었어요. 먼 옛날 마다가스카르섬으로 이동한 큰부리때까치의 선조가 이용할 수 있는 환경과 먹이에 맞춰 몸을 진화한 결과, 현재의 다양한 모습이 되었다고 여겨져요.

낫큰부리때까치
(Falculea palliata)
가늘고 긴 부리를 나무 구멍에 밀어 넣고, 안에 있는 곤충을 긁어내 먹어요. 🔴 약 32cm
🔵 곤충 🟠 마다가스카르섬

투구큰부리때까치
커다란 부리로 대형 곤충과 카멜레온 등을 찢어 먹어요.
🔴 28~31cm 🔵 곤충, 카멜레온
🟠 마다가스카르섬

적갈색큰부리때까치
(Schetba rufa)
둥지에 새끼 양육을 돕는 헬퍼가 있어요. 적이 오면 함께 협력해 둥지를 지켜요. 🔴 약 20cm 🔵 곤충
🟠 마다가스카르섬

참새목
할미새사촌과

🟡 **가와카미 박사의 포인트!**
남아시아, 오스트레일리아, 아프리카 등의 숲에 서식하는 작은 새예요. 수수한 하얀색과 검은색을 띠는 개체가 많지만, 개중에는 빨강과 검은색을 띠는 화려한 개체도 있어요.

할미새사촌 🇰🇷
한국에서는 중남부 지역에서 볼 수 있는 여름새예요. 울음소리가 '히리리, 히리리' 하고 들려요.
🔴 약 18cm 🔵 곤충
🟠 동아시아, 동남아시아

참새목
때까치과

참새목 때까치과, 바람까마귀과, 긴꼬리딱새과, 때까치딱새과

가와카미 박사의 포인트!
'작은 맹금류'라고 불리기도 하는 때까치는 개구리와 도마뱀, 곤충 등을 공격해 잡아먹는 새예요. 때로는 자기보다 커다란 개똥지빠귀를 공격하기도 해요. 부리 끝이 날카롭게 굽어 있어서 먹잇감의 숨통을 끊는 무기로 이용해요. 잡은 먹이를 나뭇가지 등에 꽂아 두는 습성이 있어요.

때까치는 왜 나뭇가지에 먹이를 꽂을까?
때까치가 꽂은 먹이는 주로 수컷이 가을에서 겨울에 걸쳐 만드는 영양 보급을 위한 저장식이라고 여겨져요. 먹이를 잔뜩 꽂아 놓은 수컷은 암컷에게 인기 있다고 알려져 있죠. 저장식을 많이 먹고 영양분을 얻은 수컷은 기운차게 빠른 속도로 구애의 울음소리를 낼 수 있기 때문이라고 연구를 통해 밝혀졌어요.

큰재개구마리 🇰🇷
북반구에 널리 분포하며, 한국에서는 아주 희귀한 겨울새예요. 종종 두더지를 먹어요. 사진은 쥐를 가지에 꽂아 놓은 모습이에요. 재때까치라고도 해요.
- 🟧 약 25cm 🟦 작은 동물 🟧 북반구

목을 부풀리고 우는 수컷 때까치.

때까치 🇰🇷
한국의 텃새이며, 세계적으로 동아시아에만 서식하는 귀중한 새예요. 구애할 때 다른 새의 울음소리를 흉내 내요.
- 🟧 약 20cm 🟦 작은 동물
- 🟧 동아시아

노랑때까치 🇰🇷
한국에서 번식하는 여름새예요. 최근에는 수가 많이 줄었어요.
- 🟧 약 20cm 🟦 작은 동물
- 🟧 동아시아(번식지), 인도, 동남아시아(월동지)

칡때까치 🇰🇷
한국 전역에 도래하는 여름새예요. 한국, 일본, 중국 일부 등의 비교적 좁은 범위에서 번식해요.
- 🟧 약 18cm 🟦 곤충
- 🟧 한국, 일본, 중국(번식지), 동남아시아(월동지)

🟧 몸길이 🟦 먹이 🟧 분포 🇰🇷 한국에서 볼 수 있음

참새목
바람까마귀과

🔸 **가와카미 박사의 포인트!**
아프리카, 아시아, 오스트레일리아의 열대나 아열대 지역에 서식하는 새예요. 온몸이 새카맣거나 회색인 종이 대부분이며, 날아다니는 곤충을 잡아먹어요.

검은바람까마귀
한국에는 미조로 찾아와요. 최근에는 동해의 섬 등지에서 관찰된 기록이 늘고 있다고 해요.
🔴 약 30cm 🔵 곤충
🟠 일본, 중국, 동남아시아, 인도

참새목
때까치딱새과

🔸 **가와카미 박사의 포인트!**
때까치딱새 무리는 동남아시아, 오스트레일리아, 뉴기니섬 등의 숲에 서식하는 작은 새예요. 두껍고 견고한 부리를 지닌 것이 특징이며, 개중에는 끝이 갈고리 모양으로 굽은 종도 있어요.

두건피토휘
뉴기니섬의 숲에 서식해요. 깃털 등에 독이 있어요.
🔴 약 23cm
🔵 열매, 곤충 🟠 뉴기니섬

참새목
긴꼬리딱새과

🔸 **가와카미 박사의 포인트!** 긴꼬리딱새과의 새는 아시아, 아프리카, 오스트레일리아의 열대 지역에 많이 서식하고 있어요. 긴꼬리딱새처럼 꽁지깃이 긴 새는 10종가량이고, 참새 정도의 크기를 지닌 종이 많아요.

긴꼬리딱새 🇰🇷
삼광조라고도 불러요. 번식지가 한국과 일본에만 존재해요. 전국에 분포하지만 주로 남부 지역에서 자주 보이는 여름새예요. 🔴 수컷 약 45cm, 암컷 약 17.5cm
🔵 곤충 🟠 한국, 일본(번식지), 동남아시아(월동지)

참새목
까마귀과

가와카미 박사의 포인트!

까마귀는 모두 새카맣다고 생각했다면 큰 착각이에요! 새카만 종은 전체의 약 3분의 1에 불과하며, 그 이외에는 흑백이 섞여 있거나 어치처럼 풍부한 색을 띠기도 해요. 전 세계의 다양한 장소에 서식하며, 까마귀가 없는 곳은 남극과 남아메리카 일부밖에 없어요. 잡식성이라 무엇이든 먹으며, 지능이 높다고 해요. 구애나 영역을 주장하는 명확한 지저귐이 없는 것도 까마귀류의 큰 특징이에요.

뿔까마귀

송장까마귀와 아주 가까운 종으로, 같은 종이라는 설도 있었어요. 분포가 겹치는 지역에서는 잡종이 생기기도 해요. 사진은 카스피해갈매기의 먹이를 빼앗으려고 공격하려 하는 모습이에요. ■ 48~54cm
■ 동물의 사체, 곤충, 열매, 씨
■ 유라시아 대륙 서부

갈까마귀

비둘기 정도의 크기를 지닌 흑백 까마귀예요. 한국에서 겨울을 나는 겨울새예요.
■ 34~36cm ■ 곤충, 씨
■ 동아시아

송장까마귀

논과 밭 등의 광활한 지역에서 자주 보여요. 지상을 잘 걸어 다니며 식물의 씨앗, 작은 동물을 찾아 먹어요. 그냥 까마귀라고 부르기도 해요.
■ 48~53cm ■ 곤충, 씨, 개구리
■ 한국, 일본, 유라시아 대륙 동부에서 중앙부, 유럽

큰부리까마귀
원래 숲에 서식하지만, 도시에 서식하는 개체도 있어요. 쓰레기를 어지럽혀 문제가 되고 있어요. 잡식성이지만 고기와 열매를 좋아해요.
■ 46~56cm ■ 동물의 사체, 열매 ■ 동아시아, 인도

철사 옷걸이 둥지

도시에서 번식하는 큰부리까마귀나 송장까마귀는 철사 옷걸이를 둥지의 재료로 써요. 철사 옷걸이는 나뭇가지 등에 걸리므로 둥지를 만들기 편한 데다, 아주 튼튼하죠. 옷걸이를 사용하는 부분은 둥지의 토대가 되는 바깥쪽만이며, 알을 놓는 둥지의 안쪽은 풀이나 종려나무의 껍질 같은 부드러운 소재로 만들어요.

▲철사 옷걸이가 잔뜩 쓰인 큰부리까마귀의 둥지.

떼까마귀
한국에서 월동하는 흔한 겨울새예요. 수십에서 수백에 이르는 큰 무리를 이룬 경우가 많아요. ■ 44~46cm
■ 곤충, 씨 ■ 한국, 일본, 유라시아 대륙

참새목 까마귀과

뉴칼레도니아까마귀
뉴칼레도니아 숲에 서식하는 까마귀예요. 도구를 이용하는 것으로 유명해요.
- 🔴 40~43cm 🔵 곤충, 열매
- 🟠 뉴칼레도니아

나뭇가지를 사용해 줄기 속에 있는 하늘소 유충을 잡으려 하고 있어요.

아마미어치 (Garrulus lidthi)
일본 고유종이에요. 전 세계에서 일본의 가고시마현 아마미오섬과 그 주변 섬에만 서식해요.
- 🔴 약 38cm 🔵 곤충, 열매
- 🟠 일본(아마미오섬, 가케로마섬, 우케섬)

어치 🇰🇷
전국에 번식하는 한국의 텃새예요. 능숙하게 다양한 새들의 울음소리를 흉내 내요.
- 🔴 32~36cm 🔵 곤충, 열매
- 🟠 한국, 일본, 유라시아 대륙

🔴 몸길이 🔵 먹이 🟠 분포 🇰🇷 한국에서 볼 수 있음

잣까마귀 🇰🇷
고산 지대에 서식하는 까마귀예요. 눈잣나무의 솔방울에서 씨를 꺼내 먹으며, 저장하기도 해요.
🟥 32~34cm 🟦 씨, 곤충
🟧 유라시아 대륙의 한대·아한대

물까치 🇰🇷
한국 전역에서 흔히 볼 수 있는 텃새예요. 주로 숲에 있으나 도시에서도 발견되며, 무리 지어 생활해요.
🟥 약 37cm 🟦 곤충, 열매
🟧 동아시아

🔍 까마귀의 지적 행동
까마귀는 지능이 아주 높다고 생각되는 행동을 해요. 예를 들면 송장까마귀는 단단한 조개껍데기를 공중에서 도로로 떨어트려 깨거나, 호두를 천천히 달리는 자동차 타이어가 밟게 해서 깨는 행동을 보여요. 또 뉴칼레도니아에 서식하는 뉴칼레도니아까마귀는 나뭇가지나 잎으로 도구를 만들어, 부리로는 닿지 않는 곳에 있는 하늘소 유충과 민달팽이를 잡아요.

호두를 도로에 두는 송장까마귀.

까치 🇰🇷
한국의 텃새로, 현재는 평지와 섬을 가리지 않고 널리 분포해요. 잡식성이에요. 예로부터 길조로 여겨졌다고 해요. 일본에 있는 까치는 도요토미에 의해 한국에서 건너간 것이라는 설이 있어요. 🟥 46~50cm
🟦 곤충, 소형 포유류, 열매 🟧 한국, 일본, 동아시아

아하! 가와카미 박사의 심층 칼럼⑬

생태계 속의 새

조금 어려운 말일지도 모르지만, 하나의 장소에 있는 생물과 공기, 물, 흙 등의 환경이 서로 영향을 주고받는 관계를 '생태계'라고 해요. 물론 그 관계에는 새와 사람도 포함돼 있지요. 생태계에서 새가 어떤 역할을 맡고 있는지 확인해 봐요.

새가 먹는다, 새가 먹힌다

새는 자연에서 다양한 것을 먹어요. 수리나 왜가리는 쥐와 새, 물고기, 개구리 등을 먹고, 작은 새는 곤충과 씨, 열매 등을 먹죠. 반대로 새는 독수리, 족제비, 쥐, 뱀, 때로는 곤충 등 다양한 동물에게 잡아먹혀요. 이처럼 생물은 모두 먹고 먹히는 관계에 있어 생태계의 균형이 유지되고 있어요. 만약 작은 새가 없어지면, 식물을 먹는 곤충이 늘어나 버려서 식물의 수가 줄어들지도 몰라요.

새를 중심으로 한 생태계

◀ 집참새를 사냥한 난쟁이올빼미.

점박이하이에나에게 잡힌 꼬마홍학.

▲ 상어에게 노려지는 새끼 남방큰풀갈매기.

왕사마귀에게 붙잡힌 상모솔새.

둥지로 쓰이는 새의 몸

새의 몸은 다른 생물의 주거지가 되기도 해요. 새이류, 이파리류, 깃털진드기류와 같은 기생 동물은 새의 깃털 속에서 살아요. 새의 종에 따라 기생 동물의 종도 달라지거나, 같은 새더라도 머리와 날개에 다른 종이 붙기도 해요. 기생 동물들은 새가 없으면 살 수 없어요.

▲공작의 깃털에 서식하는 새이의 일종. 새이는 깃털 자체를 먹어요. 그래서 새이가 많으면 깃털이 다 먹혀 있기도 해요.

다양한 것을 운반하는 새

새는 날아다니면서 장거리를 이동할 수 있으므로 이 능력을 이용하는 생물이 많아요. 예를 들면, 식물의 씨는 새에게 먹히고 변과 함께 배출되는 것을 통해 분포를 넓혀요. 또 꽃의 꿀을 빠는 새는 꽃가루를 운반해 수분을 돕죠. 씨가 몸에 붙어 다른 장소로 운반되기도 해요. 소형 고둥 중에는 먹혀도 죽지 않는 종이 있어서, 변과 함께 배출되어 새 서식지로 진출하는 일도 있어요.

환경을 바꾸는 새

딱따구리가 나무줄기에 뚫은 둥지 구멍은 나중에 작은 새, 자이언트날다람쥐, 벌과 같은 많은 생물의 집으로 이용돼요. 새가 둥지를 지음으로써 새로운 환경을 만드는 셈이죠. 또 바닷새는 바다에서 물고기를 먹고 육지에서 변을 봄으로써 바다의 영양분을 육지로 운반하는 역할을 해요. 특히 큰 무리를 이뤄 번식하는 장소에는 대량의 변이 모이는데, 이는 구아노라고 불리는 비료로 사람이 이용하기도 해요.

▶오색딱따구리가 뚫은 둥지 구멍은 다양한 생물의 주거지가 돼요.

페루의 바닷새 번식지에서 구아노를 채취하는 사람들.

기생식물인 겨우살이. 느티나무 등의 가지에 뿌리를 내리고 자생해요.

▲겨우살이의 씨를 변과 함께 늘어뜨리며 비행하는 황여새. 여새는 겨우살이 열매를 선호해서 잘 먹어요. 끈적이는 겨우살이의 열매는 엉덩이에서 실처럼 늘어지죠. 그리고 여새가 움직이면 씨가 나뭇가지에 들러붙고, 거기서부터 뿌리를 내려 수목에 기생해요.

극락조과

참새목

참새목 극락조과, 여새과

가와카미 박사의 포인트!

새 중에서 가장 아름답고 화려한 새들이에요! 수컷은 다양한 장식깃을 지닌 종이 많아요. 장식깃을 펼치거나 춤을 추는 등의 방법으로 암컷에게 구애하죠. 깃털을 펼쳐 구애 중인 수컷은 어디가 머리인지 알 수 없을 만큼 별난 모습이 돼요. 한편, 암컷은 수수한 빛깔에 장식깃도 없어요. 양육은 암컷이 홀로 담당하므로, 수수한 색은 적에게 발견되지 않기 위해서죠. 까마귀와 조상이 같다고 여겨져요.

빅토리아극락조
(Ptiloris victoriae)
수컷은 나뭇가지 위에서 날개를 만세 자세로 펼치고 번갈아 움직이며 구애해요.
🟥 약 25cm 🟦 열매, 곤충
🟧 오스트레일리아 북동부

라기아나극락조
수컷 몇 마리가 모여서 높은 나뭇가지에 앉아 춤을 추며 구애해요.
🟥 약 34cm 🟦 열매, 곤충
🟧 뉴기니섬

어깨걸이극락조
뉴기니섬 중앙부의 표고 1,000~2,300m 숲에 서식해요. 수컷은 목의 파랗게 빛나는 장식깃을 보여 주며 암컷에게 어필해요.
🟥 약 26cm 🟦 열매, 곤충 🟧 뉴기니섬

🟥 몸길이 🟦 먹이 🟧 분포 🇰🇷 한국에서 볼 수 있음

윌슨극락조
머리의 파란 부분에는 깃털이 나 있지 않아요. 뉴기니섬 서쪽에 있는 와이게오섬과 바탄타섬에 서식해요.
- 🔴 약 16cm 🔵 열매, 곤충
- 🟠 뉴기니섬

왕극락조
수컷은 가지에 앉아 날개를 펼치고, 몸을 젖히는 듯한 구애의 춤을 춰요.
- 🔴 수컷 약 16cm, 암컷 약 19cm
- 🔵 열매, 곤충 🟠 뉴기니섬

꼬리비녀극락조
수컷은 지상에 만든 공연장에서 장식깃을 펼치고, 흔들흔들 걷는 것 같은 춤으로 암컷에게 구애해요. 뉴기니섬 북서부 표고 1,100~1,900m의 숲에 서식해요.
- 🔴 약 26cm 🔵 열매, 곤충
- 🟠 뉴기니섬

참새목
여새과

🟠 가와카미 박사의 포인트!

여새는 열매를 아주 좋아해요! 새끼를 기를 때가 아니면 항상 열매를 먹고 있어요. 황여새라는 여새는 한국에도 겨울새로 건너오는데, 흔히 관찰되지는 않아요. 보통 철새는 매년 같은 장소로 이동해 오기 때문에 보기 쉽지만, 여새는 불규칙적으로 도래하기 때문이죠. 좋아하는 열매를 찾아 돌아다니기 때문에 북쪽에 열매가 풍부하면 그곳에 머무르고, 남쪽에는 아예 오지 않기도 해요.

황여새 🇰🇷
꽁지깃의 끝이 노란색을 띠는 특징이 있어요. 한국에서는 전국에 찾아오는 드문 겨울새예요.
- 🔴 약 20cm 🔵 열매, 곤충
- 🟠 북반구 온대에서 한대 지역

홍여새 🇰🇷
꽁지깃의 끝이 붉은색인 여새예요. 한국에는 드물게 찾아오는 겨울새예요.
- 🔴 약 18cm 🔵 열매, 곤충
- 🟠 한국, 일본, 러시아, 중국

참새목
박새과

참새목 박새과, 스윈호오목눈이과

🔔 **가와카미 박사의 포인트!** 숲속을 활발하게 돌아다니는 작은 새예요! 작은 몸을 활용하여 나뭇가지 끝에 매달리거나 곤충, 거미, 식물의 열매 등을 찾아 먹어요. 줄기에 난 구멍에 둥지를 틀며 인공 새집도 자주 써요. 이동하지 않는 종이 많아요.

곤줄박이 🇰🇷
수목의 씨를 좋아해서 다리로 눌러 가며 깨 먹어요. 모밀잣밤나무의 열매 등을 땅속이나 줄기 틈에 저장하는 습성이 있어요.
- 12~14cm ■ 곤충, 씨 ■ 한국, 일본

🎤 박새의 울음소리에서 문법을 발견!
박새는 다양한 소리를 내는 새예요. 그 소리에는 의미가 있다는 사실이 알려졌어요. 예를 들면 '피-치피'는 '경계하라', '치치치치'는 '모여라'라는 의미예요. '피-치피, 치치치치' 하고 이어지면 '경계하라, 모여라'라는 뜻이 되어 박새가 모여들죠. 이 소리를 녹음해서 '치치치치, 피-치피' 하고 순서를 바꾸면 박새가 반응하지 않아요. 그래서 박새의 울음소리에는 문법 같은 것이 있고, 순서가 바르지 않으면 의미를 이해하지 못한다고 생각돼요.

박새 🇰🇷
평지와 높은 산, 숲, 마을 안 등 다양한 환경에서 관찰돼요.
- 12.5~14cm ■ 곤충, 나무 열매 ■ 동아시아

■ 몸길이 ■ 먹이 ■ 분포 🇰🇷 한국에서 볼 수 있음

참새목
스윈호오목눈이과

🔶 **가와카미 박사의 포인트!** 스윈호오목눈이과의 새는 둥지를 나뭇가지에 매달듯이 만들어요. 한국에서는 스윈호오목눈이가 잠깐 지나가거나 월동하기만 하므로, 아쉽게도 둥지는 거의 볼 수 없어요. 주로 물가의 갈대밭 또는 근처에 있는 숲에서 무리 지어 서식해요.

북방쇠박새 🇰🇷
산속 숲에 서식해요. 스스로 고목에 구멍을 파고 둥지를 틀어요. 🔴 11~12cm
🔵 곤충, 씨 🟠 한국, 일본, 유라시아 대륙

진박새 🇰🇷
침엽수 숲에 많이 서식해요. 작은 몸으로 나뭇가지 끝을 돌아다녀요. 🔴 10~12cm 🔵 곤충, 씨
🟠 한국, 일본, 유라시아 대륙

쇠박새 🇰🇷
한국에서는 전국에 분포하는 흔한 텃새예요. 북방쇠박새와 비슷하지만 지저귀는 소리가 달라요. 🔴 11~12cm 🔵 곤충, 씨
🟠 동아시아, 유럽

스윈호오목눈이 🇰🇷
한국에서는 나그네새이자 일부가 월동하는 겨울새예요. 날카로운 부리로 갈대 줄기를 찢고 안에 있던 곤충을 먹어요. 🔴 약 11cm 🔵 곤충, 씨
🟠 중국 북동부(번식지), 한국, 중국 남부, 일본(월동지)

종다리과

참새목

참새목 종다리과, 직박구리과, 제비과

🔖 **가와카미 박사의 포인트!** 종다리과의 새는 약 100종이나 있지만 모두 수수한 색이에요. 초원이나 사막 등의 광활한 지역에 서식하고 있으니, 적이 발견하기 어렵게 된 거죠. 하지만 수컷의 울음소리는 엄청나요. 바위 위 등의 눈에 띄는 장소나 하늘을 높이 떠돌면서, 아름다운 목소리로 지저귀며 암컷에게 구애하거나 영역을 지켜요.

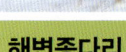

해변종다리
일본의 경우, 희소한 겨울새로서 해안이나 매립지 등에 도래해요. 한국에서는 미조예요.
🟥 14~17cm 🟦 씨, 곤충
🟧 북반구

종다리 🇰🇷
한국 전역에서 서식하는 텃새이며, 겨울새인 개체도 있어요. 하늘을 날면서 큰 소리로 지저귀어요. 🟥 약 17cm 🟦 씨, 곤충 🟧 한국, 일본, 유라시아 대륙 남부, 북아프리카

직박구리과

참새목

🔖 **가와카미 박사의 포인트!**

직박구리과의 새는 주로 아시아나 아프리카 열대 숲에 서식하면서, 열매와 꽃의 꿀, 곤충을 먹어요. 한국에서 직박구리는 어렵지 않게 볼 수 있는 새지만 사실 세계적으로는 한국, 일본, 대만 등의 좁은 지역에만 서식하는 희귀종이에요.

직박구리 🇰🇷
한국에서 번식하는 텃새예요. 여름철에는 암수가 함께 생활하고, 겨울철에는 평지에 내려와 마을 근처에서 지내요. 거의 늘 나무 위에 있으며 내려오는 일은 드물어요.
🟥 약 28cm 🟦 곤충, 열매, 꽃의 꿀
🟧 한국, 일본, 대만

검은이마직박구리 🇰🇷
한국에서 번식이 확인되어 개체 수가 증가한 텃새예요. 드물게 도래하는 나그네새 또는 겨울새이기도 해요. 숲과 마을, 공원에 서식해요.
🟥 약 19cm 🟦 곤충, 열매, 꽃의 꿀
🟧 한국, 일본, 중국 남부, 대만

🟥 몸길이 🟦 먹이 🟧 분포 🇰🇷 한국에서 볼 수 있음

참새목
제비과

> ⚠️ **가와카미 박사의 포인트!** 친숙한 새 중에서 가장 공중 생활에 적응한 새가 바로 제비예요. 끝이 뾰족한 긴 날개로 하늘을 자유자재로 날아다니며, 날고 있는 곤충을 척 잡아먹어요. 그래서 부리는 짧고 작지만, 입은 크게 벌릴 수 있는 구조예요. 또 물을 마시거나 몸에 끼얹는 일도 날면서 해요.

제비와 갈대밭

제비는 큰 강이나 습지에 펼쳐진 갈대밭에 모여 자는 습성이 있어요. 때로는 수만 마리를 넘는 거대한 집단을 이루기도 하죠. 평소에는 마을에서 서식하는 제비도 자연이 풍부한 갈대밭이 필요해요.

갈대밭에서 잠자는 제비.

제비 🇰🇷
한국에서 흔히 번식하는 여름새이자 나그네새예요. 둥지는 인공 구조물에만 지어요. 사진은 날면서 물을 마시는 모습이에요. 🔴 약 17cm 🔵 곤충 🟠 전 세계(극지와 사막 제외)

갈색제비 🇰🇷
봄과 가을에 드물게 한국을 통과하는 나그네새예요. 흙으로 된 절벽에 구멍을 파고 둥지로 삼아요. 🔴 약 13cm 🔵 곤충 🟠 일본, 유라시아 대륙, 북아메리카(번식지), 남아메리카, 아프리카, 동남아시아(월동지), 한국

태평양제비
일본의 경우, 아마미 군도 이남 섬에 연중 서식하는 제비예요. 건물이나 다리 밑에 둥지를 틀어요. 🔴 약 14cm 🔵 곤충 🟠 일본, 동남아시아, 남태평양 섬

참새목 제비과, 휘파람새과, 오목눈이과

흰털발제비 🇰🇷
바위 절벽이나 콘크리트 건물의 벽 등에 집단으로 둥지를 틀어요. 🔴 약 13cm 🔵 곤충 🟠 동아시아(번식지), 동남아시아(월동지)

귀제비 🇰🇷
흔히 한국에서 번식하는 여름새예요. 주황색 허리가 특징이에요. 🔴 약 19cm 🔵 곤충 🟠 동아시아, 인도, 동남아시아, 유럽, 아프리카

참새목
휘파람새과

⚠️ **가와카미 박사의 포인트!** 휘파람새는 특이하게 목소리로 의사소통을 하는 새예요. 종마다 제각기 특징을 지닌 목소리로 지저귀죠. 휘파람새과에는 둥글고 짧은 날개와 긴 다리를 가진 작은 몸집의 새가 많아요. 덤불이나 관목림에 서식하며, 날개의 색도 수수한 종이 많죠. 종 대부분은 장거리를 이동하지 않지만, 한국과 일본의 휘파람새나 숲새는 이동도 해요.

휘파람새 🇰🇷
수컷이 구애나 영역을 주장할 때 내는 지저귐은 '호~ 호휘힛'이에요. 암수 모두 평소에는 '착착착' 하는 혀를 차는 것 같기도 한 소리로 울어요. 🔴 수컷 약 16cm, 암컷 약 14cm 🔵 곤충, 열매 🟠 동아시아

숲새 🇰🇷
여름새로 낮은 산의 숲에 건너와요. '시시시시……' 하고 벌레 같은 목소리로 울어요. 봄이 끝날 무렵에는 밤에도 잘 울어요. 🔴 약 11cm 🔵 곤충, 거미 🟠 한국, 일본, 중국 동북부, 사할린(번식지), 중국 남부, 대만, 동남아시아(월동지)

🔴 몸길이 🔵 먹이 🟠 분포 🇰🇷 한국에서 볼 수 있음

참새목
오목눈이과

🔸 **가와카미 박사의 포인트!**

오목눈이는 꽁지깃이 아주 길지만, 몸집은 작은 새예요! 숲에 서식하며, 긴 꽁지깃은 가는 나뭇가지 끝에 앉을 때 균형을 잡는 일 등에 도움이 돼요. 먼 곳까지 나는 경우는 거의 없고 이동도 하지 않아요.

🐦 오목눈이의 헬퍼

오목눈이 무리에게서는 부모가 아닌 새가 새끼에게 먹이를 갖다 주는 등, 부모 새와 양육을 함께하는 습성이 관찰돼요. 이 새는 헬퍼라고 불리며, 번식 상대를 찾지 못한 새 또는 자신의 번식이 잘 이루어지지 않은 새가 양육을 도와줘요.

오목눈이 🇰🇷
이끼, 새의 깃털 등을 거미나 나방 유충의 실과 붙여 돔 모양의 둥지를 지어요. 🔴 약 14cm
🔵 곤충, 거미, 열매, 수액
🟠 한국, 일본, 유라시아 대륙

흰머리오목눈이 🇰🇷
오목눈이의 아종이며, 눈 위에 검은 무늬가 없어요. 흰머리오목눈이와 오목눈이는 같은 종이에요.

참새목
솔새과

참새목 솔새과, 개개비과

🔴 **가와카미 박사의 포인트!** 솔새는 낮은 산부터 높은 산까지의 숲에 서식하는 수수한 새예요. 모든 종의 모습이 비슷해서 잠깐 봐서는 구분하기 어렵죠. 하지만 지저귀는 소리는 전혀 달라요! 그래서 울음소리가 들리는 시기에는 간단히 구분할 수 있어요. 이는 새들에게도 마찬가지라서, 지저귀는 소리를 바꾸는 것을 통해 다른 종과 짝을 이루지 않도록 진화해 온 결과예요.

이지마솔새(Phylloscopus ijimae)
전 세계에서도 일본의 이즈 제도와 도카라 열도에만 존재하는 솔새예요. 겨울이면 필리핀 등으로 건너가는 개체도 있지만, 이즈 제도에서는 겨울이어도 보이곤 해요. 🔴 약 12cm 🔵 곤충 🟠 일본(번식지), 필리핀(월동지)

사할린되솔새 🇰🇷
한국에서는 관찰 기록이 적어서 잘 알려지지 않은 새예요. '치-츠-치-' 하고 삼박자로 울어요. 번식지가 일본과 사할린에만 있어요. 🔴 약 12cm 🔵 곤충 🟠 일본, 사할린(번식지), 동남아시아(월동지)

산솔새 🇰🇷
한국 전역에 번식하는 여름새예요. '찟찟 찌-' 하고 들리는 소리로 지저귀어요. 🔴 약 12cm 🔵 곤충 🟠 한국, 일본, 러시아, 중국 동북부(번식지), 동남아시아(월동지)

일본솔새 (Phylloscopus xanthodryas)
'쵸리쵸리쵸리쵸리' 하는 4음절로 지저귀어요. 최근 분류가 개정되어 다른 종이 된 큰솔새는 3음절로 지저귀고, 쇠솔새의 지저귐에는 절이 없어요. 🔴 약 13cm 🔵 곤충 🟠 일본, 유라시아 대륙 북부(번식지), 동남아시아(월동지)

🎤 지저귐과 울음소리
새의 울음 방식에는 크게 지저귀는 소리(song)와 일상적인 울음소리(call) 두 가지가 존재해요. 지저귀는 소리는 주로 수컷이 구애나 영역을 주장할 때 쓰는 울음 방식이에요. 일상적 울음소리는 암수 관계없이 동료들끼리 연락을 주고받기 위한 울음 방식이에요.

🔴 몸길이 🔵 먹이 🟠 분포 🇰🇷 한국에서 볼 수 있음

참새목
개개비과

🔰 **가와카미 박사의 포인트!** 개개비는 갈대밭, 습지의 숲 등에 있는 덤불에 서식하는 수수한 갈색 새예요. 항상 덤불 속에 모습을 숨기고 있지만, 지저귈 때는 전망이 트인 풀 줄기에 앉아요. 기본적으로 한 마리의 수컷과 한 마리의 암컷이 짝을 이루지만, 먹을 것이 많으면 한 마리의 수컷과 여러 마리의 암컷이 짝을 이루는 종도 많아요.

개개비 🇰🇷
한국에는 흔히 여름새로 갈대밭에 찾아와요. 수컷은 '콕콕콕, 개개개객비비' 하고 들리는 커다란 소리로 울어요. 수컷 한 마리와 암컷 여러 마리가 번식해요.
🔴 약 19cm 🔵 곤충 🟠 한국, 일본, 동아시아, 극동 러시아 남부(번식지), 동남아시아(월동지)

쇠개개비 🇰🇷
개개비보다 훨씬 작은 크기예요. 수컷은 복잡한 목소리로 지저귀어요.
🔴 약 13.5cm 🔵 곤충 🟠 일본, 동아시아, 극동 러시아 남부(번식지), 인도차이나 반도(월동지)

섬개개비과

참새목

참새목 섬개개비과, 개개비사촌과, 동박새과

> 🔸 **가와카미 박사의 포인트!** 섬개개비과는 초원과 관목림에 서식해요. 다리가 두껍고 견고하죠. 수컷이 암컷보다 한참 큰 종이 많고, 특색 있는 커다란 목소리로 지저귀어요. 이전에는 휘파람새 무리에 속했지만, 최근 분류에서 독립했어요.

붉은허리개개비 🇰🇷
한국에서는 봄과 가을에 드물게 보이는 나그네새예요. 덤불 속에 있어 모습을 거의 드러내지 않아요. '초핏초핏초핏' 하는 높낮이 있는 목소리로 크게 지저귀어요.
- 🔴 약 18cm 🔵 곤충
- 🟠 한국, 일본, 러시아 동부(번식지), 동남아시아(월동지)

알락꼬리쥐발귀 🇰🇷
한국에서는 드문 여름새이자 나그네새예요. '츄루츄루츄루' 하고 지저귀어요.
- 🔴 약 16cm 🔵 곤충
- 🟠 일본, 러시아(번식지), 동남아시아(월동지)

큰개개비
일본과 중국 동북부의 극히 일부 지역에만 서식해요. 전 세계적으로 드문 종이에요. 일본에는 일부 현의 습지에 약 2,500마리 정도만이 있는 것으로 추정돼요.
- 🔴 약 13cm 🔵 곤충
- 🟠 일본, 중국 동북부

🔴 몸길이 🔵 먹이 🟠 분포 🇰🇷 한국에서 볼 수 있음

참새목
개개비사촌과

🔸 **가와카미 박사의 포인트!** 개개비사촌이나 재봉새 무리는 잎을 거미의 실 등으로 엮어 둥지를 지어요. 이러한 행동은 다른 과의 새에게서는 보이지 않는 특징이에요! 개개비사촌류는 갈색의 수수한 새가 많아요. 이전에는 휘파람새 무리로 여겨졌지만, 최근 분류로 개개비사촌과로 독립했어요.

재봉새
잎을 거미의 실 등으로 엮어 컵 모양의 둥지를 지어요.
🟥 10~14cm 🟦 곤충
🟧 동남아시아, 인도

개개비사촌 🇰🇷
벼과 풀에 거미의 실로 잎을 엮어 호리병 모양의 둥지를 지어요. 일부다처제로, 11마리의 암컷과 짝을 이룬 수컷도 있어요.
🟥 약 12cm
🟦 곤충 🟧 한국, 일본, 아프리카, 인도, 동남아시아, 오스트레일리아 북부, 지중해 연안

참새목
동박새과

🔸 **가와카미 박사의 포인트!** 동박새류는 몸이 녹색이고 눈 주변이 흰 새뿐이에요! 참새보다도 작지만, 비행 능력은 우수하죠. 그래서 대륙에서 떨어진 섬에 도달해 고유종이 된 종도 많아요. 일본 오가사와라 제도에만 서식하는 메구로는 예전에 별종으로 여겨졌지만, 유전자를 조사한 결과 사이판섬에 서식하는 황금동박새와 가깝다는 사실이 밝혀졌어요.

동박새 🇰🇷
한국의 텃새예요. 남부 지방에서 섬 지방까지 널리 분포하고 있어요. 꽃의 꿀을 좋아하며, 겨울에는 동백꽃을 자주 찾아요.
🟥 10~11.5cm 🟦 꽃의 꿀, 곤충, 열매 🟧 한국, 일본, 동아시아, 동남아시아

메구로
(Apalopteron familiare)
오가사와라 제도의 하하지마섬, 무코지마섬, 이모토지마섬에만 서식해요. 섬 간의 거리는 겨우 수 킬로미터에 불과하지만, 섬에서 섬으로 이동하지는 않아요. 오가사와라동박새라고도 해요.
🟥 약 13.5cm 🟦 열매, 곤충
🟧 일본(오가사와라 제도)

참새목
상사조과

🔴 **가와카미 박사의 포인트!**

상사조과는 아름다운 소리로 지저귀는 종이 많아요! 열대나 아열대 숲의 덤불에 서식하며, 주로 지상에서 행동해요. 날개가 둥글고 짧아서 멀리 날지 못하고, 이동도 하지 않아요.

흰눈썹웃음지빠귀
중국 남부에 서식하는 새예요. 일본의 경우, 기르던 개체가 도망쳐 야생화되었어요. 연중 커다란 목소리로 지저귀어요.
🔴 21~24cm 🔵 곤충, 열매
🟠 중국 남부

상사조
아름다운 외양을 지녀 예로부터 반려동물로 기르던 새예요. 일본의 경우, 도망친 새가 야생화되었다고 해요. 🔴 약 15cm
🔵 곤충, 열매 🟠 동아시아, 히말라야산맥 주변

참새목
상모솔새과

🔴 **가와카미 박사의 포인트!** 상모솔새류는 숲의 곡예사예요! 몸길이는 약 9cm로 아주 작고, 몸무게는 겨우 5g에 불과해, 100원 동전 하나 정도의 무게밖에 되지 않죠. 이 가볍고 작은 몸을 활용해서 가는 소나무 잎에 앉는 등, 곡예 같은 움직임으로 거미를 찾아내 먹어요. 산속 숲에서 번식하지만, 겨울에는 평지에 내려와서 도시공원 등에서도 관찰돼요.

상모솔새 🇰🇷
한국에는 불규칙하게 찾아오며, 비교적 흔한 겨울새예요. 머리에 있는 노란색이 특징적이에요. 🔴 약 9cm 🔵 곤충, 거미
🟠 한국, 일본, 유라시아 대륙

참새목
굴뚝새과

🔴 **가와카미 박사의 포인트!** 수풀 속을 재빠르게 돌아다니면서 곤충이나 거미를 찾아 먹어요. 몸이 작고 수수한 갈색이나 밤색을 띠는 종이 많아요. 굴뚝새과 새는 굴뚝새 이외에는 모두 남북아메리카 대륙에 분포하고 있어요.

붉은관상모솔새
머리 꼭대기가 보석 루비처럼 붉은색을 띠어요.
🔴 약 11cm 🔵 곤충, 거미 🟠 북아메리카

굴뚝새 🇰🇷
한국 전역에 흔히 번식하는 텃새예요. 수컷은 작은 몸집으로는 상상도 못 할 만큼 커다란 목소리로 냇가의 바위 위 등에서 지저귀어요.
🔴 약 11cm 🔵 곤충, 거미 🟠 한국, 일본, 유라시아 대륙, 북아메리카

선인장굴뚝새
건조한 지역 중에서 선인장이 있는 장소에 서식하고 있어요. 둥지도 선인장에 지어요.
🔴 약 19cm 🔵 곤충, 거미 🟠 북아메리카 남서부

참새목
동고비과

참새목 동고비과, 나무발바리과, 찌르레기과

동고비 🇰🇷
한국의 전국에 흔히 번식하는 텃새예요. 숲이나 도시공원에서 서식하며, 주로 나무 위에서 생활해요.
- 약 14cm
- 곤충, 거미, 씨
- 한국, 일본, 유라시아 대륙

가와카미 박사의 포인트! 동고비는 머리를 밑으로 향한 채 나무줄기를 내려가는 특기를 지녔어요! 줄기를 이리저리 이동하면서 곤충과 거미를 찾아 먹는 생활을 하죠. 또, 식물의 씨를 나무나 바위틈 등에 저장하는 습성이 있어요. 대부분이 숲에 서식하지만, 바위 터에 사는 종도 있어요.

흰가슴동고비
북아메리카 삼림에서 가장 많이 관찰되는 새예요. 하얀 얼굴이 특징이에요.
- 약 15.5cm
- 곤충, 거미, 씨
- 북아메리카

참새목
나무발바리과

가와카미 박사의 포인트! 이름처럼 나무줄기를 달리듯 재빠르게 돌아다니는 새예요! 줄기를 꽉 붙잡기 위해서 발가락과 발톱이 아주 길어요. 끝이 굽은 가늘고 긴 부리는 나무껍질 밑에 있는 곤충이나 거미를 끌어낼 때 편리해요. 깃털 색이 나무줄기와 비슷해서 움직이지 않으면 모르는 경우도 많아요. 크기는 모든 종이 참새보다 작아요.

유럽나무발바리
(Certhia brachydactyla)
유럽의 숲에 서식하고 있어요. 밤에는 집단으로 나무 구멍에서 자는 습성이 있어요.
- 약 12.5cm
- 곤충
- 유럽(영국 제외)

나무발바리 🇰🇷
한국에서는 주로 흔하지 않은 겨울새예요. 일본에서는 텃새인데, 연중 같은 장소에 서식한다고 해요.
- 약 12.5cm
- 곤충, 거미
- 한국, 일본, 유라시아 대륙

참새목
찌르레기과

가와카미 박사의 포인트! 찌르레기류는 거대한 무리를 짓는 특징이 있어요! 유럽에 서식하는 흰점찌르레기는 때때로 200만 마리에 달하는 대군을 형성해요. 크기는 대략 참새부터 비둘기까지이며, 몸 색깔은 기본적으로 검거나 회색이에요. 유라시아 대륙이나 아프리카를 중심으로 숲과 초원, 농경지 등 다양한 환경에 서식해요.

흰점찌르레기 🇰🇷
본래는 유럽에서 중앙아시아에 걸쳐 분포하는 새지만, 북아메리카와 오스트레일리아 등지에서는 사람이 방생한 개체가 야생화 되었어요. 아주 거대한 무리를 이뤄요. 사진은 하늘을 가득 메운 흰점찌르레기 대군이에요.
- 약 21cm / 열매, 곤충
- 한국(제주도), 일본, 유럽, 서아시아, 중앙아시아, 인도, 북아프리카

▲하늘을 뒤덮은 거대한 흰점찌르레기 무리.

구관조
사람 말을 흉내 내는 것으로 유명하지만, 야생에서는 울음소리를 흉내 내지 않아요.
- 약 30cm / 곤충, 파충류
- 동남아시아

쇠찌르레기 🇰🇷
한국에는 드물게 나그네새로 찾아와요. 번식지가 일본과 사할린에만 있어요.
- 약 17cm / 열매, 곤충 / 일본, 사할린(번식지), 필리핀(월동지)

찌르레기 🇰🇷
한국 전역에 번식하는 여름새이며, 남부 지방에는 겨울새인 개체도 있어요. 수만 마리의 무리를 이루기도 해요. 인가 근처, 숲, 풀밭 등에서 관찰돼요.
- 약 22cm / 열매, 곤충
- 한국, 일본, 동아시아, 극동 러시아 남부

아하! 가와카미 박사의 심층 칼럼 ⑭

외국에서 일본으로 간 새

열대 지방에 있어야 할 앵무가 일본의 수도에서도 관찰된다는 것을 알고 있나요? 그 밖에도 야외에서 조사하다 보면 뜻밖의 새가 보이는 경우가 있어 놀라게 돼요. 이들은 사람에 의해 외국에서 유입된 새가 도망쳤거나 방생되어 야생화한 개체예요. 이러한 생물은 '외래종'이라고 해요. 현재 일본에는 많은 외래종 새가 서식하고 있어요. 그리고 사실 일본만이 아니라 한국도 마찬가지이며, 세계 각지에서 같은 일이 벌어지는 중이죠. 그 땅에서 원래 살아오던 생물과 자연에 관한 수많은 문제가 일어나고 있는 거예요.

일본에 있는 외래종

일본에는 반려동물, 관상용, 수렵용 등 다양한 목적으로 외국의 새가 유입되었고, 그들이 도망치거나 방생되어 외래종이 된 생물이 많아요. 보통은 외국의 새가 도망쳐도 일본 환경에서 살기는 어렵지만, 개중에는 적응하고 번식한 종도 있어요.

◎관상용이던 새

▲일본 각지의 호수에서 관상용으로 사육되던 혹고니가 야생화했어요. 개중에는 일본 내에서 이동하는 개체도 있어요.

캐나다기러기
- 68~114cm
- 식물의 잎과 뿌리, 씨
- 북아메리카

▲캐나다기러기는 일부가 야생화하여 일본에서 번식하고 있었지만, 지금은 전부 포획되어 야생화된 개체는 사라지게 됐어요.

◎수렵용이던 새

▲차이니즈뱀부파트리지는 1920년대 무렵에 일본에 방생됐어요.

▲꿩은 일본 홋카이도, 쓰시마, 이시가키지마 등지에 방생됐어요.

◎애완용이던 새

◁흰눈썹웃음지빠귀는 아름답게 지저귀는 반려동물 새로 인기가 많았어요. 도망쳐 야생화한 개체가 일본 관동, 도호쿠 남부, 규슈 등지에서 수를 늘린 상태예요.

◎사냥개 훈련용이던 새

▼콜린메추라기는 북아메리카의 새예요. 사냥개를 훈련하기 위해 풀어놓은 개체가 일본 가나가와현, 오사카부 등지에서 야생화되었어요.

▲상사조는 예뻐서 반려동물로 인기가 많았어요. 사육하던 개체가 도망쳐 일본의 혼슈, 규슈, 시코쿠에서 야생화되었어요.

외래종이 있으면 어떻게 되나요?

외래종 생물이 있으면 원래 그 나라에서 살던 생물이 다양한 영향을 받아요. 예를 들면 이전까지 없었던 병이 퍼지거나, 외래종과 토종이 교잡해 잡종이 되거나, 먹이 또는 둥지 구멍을 두고 서로 싸운 결과 원래 있던 생물을 쫓아내 버리는 일 등이 발생하죠. 게다가 직접적인 영향이 없더라도, 생태계의 모습을 바꾸고 말 가능성이 있어요.

외국에서도 같은 일이

외국의 도시에서도 원래는 그곳에 없었던 새가 야생화되어 있어요. 예를 들어 하와이에 가면 동박새가 아주 많은데, 이는 일본인이 하와이로 이주하면서 데려간 개체를 방생했기 때문이에요. 마찬가지로 해외로 이주하는 사람이 자기 나라의 새를 데려가 방생하고, 야생화된 사례는 세계 각지의 도시에서 관찰돼요. 또 일본 도쿄에서 번식하고 있는 장미목도리앵무의 원산은 스리랑카인데, 이 새는 전 세계적으로 반려동물로서 인기가 많아요. 그래서 영국, 아메리카, 네덜란드, 이스라엘, 남아프리카 등의 도시에서도 도망쳐 야생화된 개체가 있어요.

▲일본 야에야마 제도에서 야생화한 인도공작은 천연기념물인 기시노우에도마뱀 등을 잡아먹어 멸종시켰어요.

▼동박새는 일본인이 하와이에 데려가서, 그곳에서 외래종이 된 사례예요.

▲런던의 조류용 먹이 장치에 온 장미목도리앵무.

지빠귀과

참새목

🔶 **가와카미 박사의 포인트!** 지빠귀과에는 아름다운 목소리로 지저귀는 새가 많아요! 높은 나무 꼭대기 등에서 큰 소리로 기분 좋게 지저귀는 모습이 아주 매력적이에요. 평소에는 지상에 내려와 유충이나 지렁이를 찾아다녀요. 또, 열매도 아주 좋아하죠. 분류가 아직 명확하지 않은 종도 많으며, 이전에는 지빠귀 무리에 속했던 종이 솔딱새 무리로 바뀐 사례도 많이 있어요.

검은지빠귀 🇰🇷
한국에서는 소수가 드물게 지나가는 나그네새예요. 일본, 중국 남부의 일부 지역에만 번식지가 있어요. 나무 꼭대기에서 기분 좋은 듯 지저귀어요. 🔴 약 22cm 🔵 곤충, 열매 🟠 일본, 중국 남부 일부 지역

개똥지빠귀 🇰🇷
겨울새로 한국에 찾아오며, 전국의 산림에서 관찰돼요. 개체에 따라 다양한 무늬 패턴을 지녔어요. 🔴 23~25cm 🔵 곤충, 지렁이, 열매 🟠 러시아(번식지), 한국, 일본, 중국 남부(월동지)

호랑지빠귀 🇰🇷
한국의 전역에 흔한 여름새예요. 산에 있는 숲속에 서식해요. 밤에는 '히이- 호-' 하는 음산한 소리로 오랜 시간 동안 울어요. 🔴 24~30cm 🔵 곤충, 지렁이, 열매 🟠 한국, 일본, 유라시아 대륙 동부, 중국 남부, 동남아시아

🔴 몸길이 🔵 먹이 🟠 분포 🇰🇷 한국에서 볼 수 있음

이즈지빠귀
(Turdus celaenops)
일본 고유종으로, 일본의 이즈 제도와 도카라 열도에만 연중 서식하고 있어요. 아주 소수의 개체는 이즈반도에서도 월동해요. 🔴 약 23cm 🔵 곤충, 지렁이, 열매 🟠 일본(이즈 제도, 도카라 열도)

흰배지빠귀 🇰🇷
한국에서는 주로 여름새예요. 중부 이남, 섬을 비롯한 일부 지역에서는 텃새로서 연중 서식하기도 해요. 공원의 나무숲에서도 관찰돼요. 🔴 약 23cm 🔵 곤충, 지렁이, 열매 🟠 한국, 일본, 러시아, 중국 남부, 대만

붉은배지빠귀 🇰🇷
번식지가 일본과 사할린뿐이에요. 여름에는 산속 숲에서 번식하고, 겨울이 되면 평지의 숲으로 내려와요. '쿄로롱, 쿄로롱, 치이-' 하는 커다란 목소리로 울어요. 한국에서는 드문 나그네새예요. 🔴 약 24cm 🔵 곤충, 지렁이, 열매 🟠 일본, 사할린(번식지), 중국 남부, 대만(월동지)

흰눈썹지빠귀 🇰🇷
한국에서는 보기 드문 나그네새예요. 아직 어두운 아침 무렵에 '쿄롱, 치이-' 하고 울어요. 🔴 20.5~23cm 🔵 곤충, 열매 🟠 일본, 러시아, 중국 동북부(번식지), 동남아시아(월동지)

참새목
솔딱새과

가와카미 박사의 포인트!

솔딱새 무리는 눈이 둥글고 아주 귀여운 소형 새예요! 또, 빨강, 파랑, 노랑 등 아주 아름다운 색을 지닌 새가 많아서 인기 있지요. 다리와 부리가 짧으며 나뭇가지에서부터 날아 먹이를 찾는 종과 다리와 부리가 길고 지상에서 먹이를 찾는 종이 있어요. 300종 이상이나 있지만, 분류가 명확하지 않아 최근에야 지빠귀과에서 솔딱새과로 바뀐 새가 많아요. 하지만 또다시 변경될 가능성도 커요.

류큐울새
일본 나가사키현의 단조 군도와 가고시마현의 다네가섬, 아마미오섬 등에 서식하는 일본 고유종이에요. 지상 근처에서 곤충 등을 찾아 먹어요.
- 약 14cm 곤충 일본(야쿠시마, 단조 군도, 아마미 군도)

붉은가슴울새
일본과 사할린에서만 번식하는 새예요. '힝카라라라라' 하는 소리로 지저귀어요. 한국에서는 미조예요.
- 약 14cm 곤충
- 일본, 사할린(번식지), 대만, 중국 남부(월동지)

진홍가슴
한국을 드물게 지나가는 나그네새예요. 북한에서는 소수의 무리가 번식하는 여름새라고 해요.
- 14~16cm 곤충 일본, 몽골, 러시아, 중국 동북부(번식지), 동남아시아(월동지)

쇠유리새
한국 전역에서 드물게 번식하는 여름새예요. 나그네새인 개체도 있어요.
- 약 14cm 곤충 한국, 일본, 러시아, 중국 동북부(번식지), 동남아시아(월동지)

딱새 🇰🇷
한국에서 일 년 내내 폭넓게 서식하는 텃새예요. 주로 숲, 공원, 마을 등에서 살아요. 🔴 약 15cm 🔵 곤충, 열매 🟠 한국, 러시아, 중국(번식지), 일본, 중국 남부, 대만(월동지)

유리딱새 🇰🇷
주로 한국의 전역을 지나가는 나그네새예요. 백두산에는 번식하는 개체도 있어요. 주로 고산 지대의 숲, 덤불 등에서 살아요. 🔴 13~15cm 🔵 곤충, 열매 🟠 일본, 유라시아 대륙 동부(번식지), 동남아시아(월동지), 한국

바다직박구리 🇰🇷
한국의 텃새예요. 주로 해안가 부근에서 서식해요. 간혹 시가지나 마을의 건물 지붕에 앉아 있는 모습을 볼 수 있어요. 🔴 20~23cm 🔵 곤충, 도마뱀, 열매 🟠 한국, 일본, 유라시아 대륙 남부, 동남아시아, 아프리카

검은딱새 🇰🇷
한국의 여름새예요. 이동 시기인 봄과 가을에는 하천 부지, 농경지에서도 관찰돼요. 🔴 약 12.5cm 🔵 곤충, 열매, 씨 🟠 한국, 일본, 유라시아 대륙, 아프리카

큰유리새
한국 전역에 여름새로 찾아오며, 주로 나무 위에서 내려오지 않고 생활해요. 암수 모두 아름다운 목소리로 지저귀어요. 암컷은 수수한 갈색이에요. 약 17cm 곤충, 열매 한국, 일본, 중국 동북부(번식지), 동남아시아(월동지)

▲암컷 큰유리새.

참새목 솔딱새과

노랑딱새
봄과 가을에 한국을 통과하는 나그네새예요. 특히 보리 씨를 뿌리는 가을에 잘 보여요. 약 13cm 곤충, 과일 극동 러시아(번식지), 동남아시아, 중국 남부(월동지)

쇠솔딱새
봄과 가을에 한국을 통과하는 나그네새예요. 삼림에 서식하며, 암수 모두 수수한 회갈색이에요. 12~14cm 곤충, 열매 일본, 극동 러시아, 히말라야산맥(번식지), 동남아시아, 인도(월동지)

▲곰의말채나무 열매를 먹으러 온 솔딱새.

▲암컷 황금새.

솔딱새 🇰🇷
한국에서는 봄과 가을에 지나가는 나그네새예요. 아고산대 숲에서 서식해요. 암수 모두 수수한 회갈색이에요. 🟥 약 14cm 🟦 곤충, 열매 🟧 일본, 극동 러시아, 중국 남부(번식지), 동남아시아(월동지)

황금새 🇰🇷
한국에서는 보기 드문 나그네새예요. 일본, 사할린, 중국 북부의 일부에만 번식지가 존재해요. 암컷은 수수한 갈색이에요. 🟥 약 13.5cm 🟦 곤충, 열매 🟧 일본, 사할린, 중국 북부 일부(번식지), 동남아시아(월동지)

제비딱새 🇰🇷
한국에서는 봄과 가을에 이동할 때 전역에서 관찰되는 나그네새예요. 암수 모두 같은 회갈색을 띠어요. 🟥 12.5~14cm 🟦 곤충, 열매 🟧 극동 러시아(번식지), 동남아시아(월동지)

참새목
물까마귀과

🔶 **가와카미 박사의 포인트!** 물까마귀는 참새목 중에 유일하게 물에 잠수할 수 있어요! 하지만 잠수한다고 해도, 깊이는 최대 2m가량이에요. 날개를 이용해 격한 물살 속으로 잠수하며, 바위 밑에 있는 하루살이 유충 등을 찾아 먹어요. 겨울에도 터프하게 물에 잠수해요.

물까마귀 🇰🇷
한국의 텃새로, 산지의 물가에 서식해요. 둥지는 폭포 뒤편이나 바위틈 등에 이끼를 이용해서 지어요. 🔴 21~23cm
🔵 수생곤충, 물고기, 물고기의 알
🟠 동아시아, 남아시아

흰가슴물까마귀
이름처럼 하얀색 가슴이 특징이에요. 표고 5,000m나 되는 높은 산의 냇가에도 서식해요. 노르웨이의 국조예요.
🔴 17~20cm 🔵 수생곤충, 물고기
🟠 유라시아 대륙 중앙부에서 서부

참새과

참새목

가와카미 박사의 포인트! 참새 무리는 주로 초원 등의 광활한 장소에 서식하며, 식물의 씨를 먹어요. 인간의 생활과 연관이 깊은 종이 많은 것도 큰 특징이에요. 유럽과 아시아, 아프리카의 넓은 지역에서 관찰되지만, 기원은 아프리카로 여겨져요. 아메리카, 오스트레일리아 등지에서도 참새류를 볼 수 있지만, 이들은 인간이 방생한 새예요. 이동은 기본적으로 하지 않아요.

참매 둥지에다 둥지를 트는 참새?!

참매는 참새를 잘 잡아먹어요. 그런 천적의 둥지 아래에 참새가 둥지를 짓는 일이 있죠. 신기하게도 이런 보금자리에서는 참매가 참새를 잘 공격하지 않는 모양이에요. 사나운 참매의 산하에 있으면 다른 포식자가 접근하지 않아서, 참새는 더 안전하게 지낼 수 있어요.

참새 🇰🇷
한국에서는 인가 근처에서 흔히 볼 수 있는 새예요. 유럽 등지에서는 삼림에 서식해요. 🔴 약 15cm 🔵 씨, 곤충
🟠 한국, 일본, 유라시아 대륙, 동남아시아

참새목 참새과, 베짜는새과

집참새
유럽 등지에서는 도시에서 가장 쉽게 관찰되는 참새예요. 세계 각지의 도시에 인간이 방생한 개체가 정착했어요. 한국에서는 미조예요.
🟥 16~18cm 🟦 씨, 곤충
🟧 일본, 유라시아 대륙, 아프리카 북부

섬참새 🇰🇷
삼림이나 농경지에 사는 참새예요. 한국에서는 겨울새이며, 울릉도와 제주도에서 번식하는 개체도 있어요. 겨울에는 평지로 이동하기도 해요.
🟥 약 15cm 🟦 씨, 곤충 🟧 한국, 일본, 중국 남부, 인도 북부

스페인참새
흰부리황새의 둥지에 집단으로 번식하기도 해요. 집참새가 없으면 인가 근처에서 생활해요.
🟥 약 16cm 🟦 씨, 곤충
🟧 지중해 연안, 중앙아시아

검은얼굴참새
(Passer melanurus)
50~100마리가량의 무리로 집단 번식해요. 때로는 커다란 무리를 이루고 농작물에 피해를 주기도 해요.
🟥 14~16cm 🟦 씨, 곤충
🟧 아프리카 남부

202 🟥 몸길이 🟦 먹이 🟧 분포 🇰🇷 한국에서 볼 수 있음

참새목
베짜는새과

🔸 **가와카미 박사의 포인트!** 베짜는새의 둥지는 '정말 새가 지은 거야?'라고 생각할 만큼 완성도가 높아요! 둥지를 짓는 건 수컷의 역할이죠. 풀을 복잡하게 엮어 바구니 같은 둥지를 만들어요. 둥지가 완성되면 암컷이 잘 만들어졌는지 검사하고, 합격하면 결혼해요. 만약 불합격하면 수컷은 둥지를 부수고 처음부터 다시 만든다고 해요. 또 베짜는새 무리 중에는 꽁지깃이 아주 긴 종도 있는데, 이들은 날며 춤을 추는 것으로 암컷에게 구애한다고 해요.

떼베짜는새
사진에 보이는 것처럼, 큰 집단을 이루고 나무의 마른풀로 거대한 둥지를 만들어요. 둥지는 100년 가까이 쓰이기도 하며, 무게 때문에 나무가 쓰러질 때도 있어요. 소셔블위버라고도 불러요. 🔴 약 14cm 🔵 씨, 곤충 🟠 아프리카 남서부

참새목 베짜는새과, 바위종다리과

스피키베짜는새
(Ploceus spekei)

큰 나무에 거대한 집단으로 번식해요. 나무 한 그루에 많을 때는 200개의 둥지가 매달려 있기도 해요.
- 약 15cm
- 곤충, 씨
- 케냐, 에티오피아, 소말리아

남아프리카베짜는새
(Ploceus velatus)

나뭇가지에 매달린 바구니 같은 둥지를 지어요. 매달린 둥지에는 뱀 등의 적이 침입하기 어려워요.
- 약 13cm
- 곤충, 씨
- 아프리카 남부

동부황금베짜는새
(Ploceus subaureus)

습지나 강의 수면에 뻗은 나뭇가지, 파피루스 등의 풀로 둥지를 지어요.
- 약 15cm
- 곤충, 씨
- 아프리카 남동부의 해안가

긴꼬리과부새

번식기인 수컷에게는 40cm에 달하는 긴 꽁지깃이 있어요. 풀 위를 훨훨 날며 암컷에게 구애하거나 영역을 주장해요.
- 수컷 50~71cm, 암컷 19~21cm
- 곤충, 씨
- 아프리카 남부

몸길이 ■ 먹이 ■ 분포 🇰🇷 한국에서 볼 수 있음

참새목

바위종다리과

🔸 **가와카미 박사의 포인트!** 바위종다리류는 암컷이 수컷에게 붉게 부푼 엉덩이(총배설강)를 보여 주며 구애하는 독특한 습성이 있어요. 고산 지대나 추운 지역에서 번식하는 작은 새로, 한국에서는 바위종다리가 드물게 겨울새로서 관찰돼요.

바위종다리 🇰🇷
여름에 표고 2,500m 이상인 고산에서 번식하지만, 겨울에는 낮은 산에서 관찰돼요.
- 🔴 약 18cm 🔵 곤충, 거미, 씨
- 🟠 한국, 일본, 유라시아 대륙, 아프리카 북부

쇠바위종다리 (Prunella rubida)
거의 일본에서만 사는 희귀한 새예요. 여름에는 표고 1,500m가량인 산에 서식하며, 겨울에는 평지에서 관찰돼요. 🔴 약 15cm
- 🔵 곤충, 거미, 씨 🟠 일본, 사할린

캅카스바위종다리 (Prunella ocularis)
터키나 아제르바이잔에 있는 표고 1,900~3,000m의 산에 서식해요.
- 🔴 약 15.5cm 🔵 곤충, 씨 🟠 서아시아, 중앙아시아

유럽바위종다리
고산 지대에서 평지까지 다양한 장소에서 관찰돼요. 굴뚝새와 비슷한 목소리로 지저귀어요. 🔴 약 14.5cm
- 🔵 곤충, 거미, 씨
- 🟠 유럽

참새목
할미새과

🔸 **가와카미 박사의 포인트!** 늘씬한 몸과 긴 꽁지깃을 지닌 할미새. 이 꽁지깃은 항상 위아래로 움직이고 있어요! 왜 늘 꼬리를 흔드는지는 알려진 바가 없지만, 적을 경계하거나 동료와의 신호로 쓴다고 추측돼요. 물가에 서식하는 새라는 이미지이지만, 북극과 남극, 사막을 제외한 전 세계 초원에서 삼림까지 다양한 환경에 서식하고 있어요.

긴발톱할미새 🇰🇷
한국의 나그네새예요. 봄과 가을에 이동하는 도중에 종종 관찰돼요. 🔴 약 16.5cm 🔵 곤충, 씨 🟠 일본, 유라시아 대륙, 알래스카(번식지), 아프리카, 인도, 동남아시아(월동지)

되새과

참새목

참새목 핀치새과

> 🔶 **가와카미 박사의 포인트!** 되새는 빨강이나 노랑 등의 화려한 색을 지녔어요. 부리가 짧고 두꺼운 이유는 주로 씨를 먹기 때문이에요. 특히 큰부리밀화부리나 콩새의 부리는 무는 힘이 아주 강력하죠. 딱딱한 씨를 콰직콰직 소리를 내며 부숴 먹어요. 하지만 새끼를 기를 때는, 씨만으로는 영양분이 부족해서 곤충을 먹여요. 한편 오가사와라방울새나 솔잣새는 조금 특이하게 새끼에게 씨만 먹여 키워요.

되새 🇰🇷
겨울새로 전국에 찾아와요. 수만 마리에 달하는 거대한 무리를 짓기도 해요. 사진은 나무에 모인 거대한 되새 무리예요.
- 🟥 13.5~16cm 🟦 씨, 열매, 곤충
- 🟧 한국, 일본, 유라시아 대륙

🟥 몸길이 🟦 먹이 🟧 분포 🇰🇷 한국에서 볼 수 있음

긴발톱멧새과

참새목

긴발톱멧새 🇰🇷
뒤쪽으로 난 발톱이 길어서 이러한 이름이 붙었어요. 한국에서는 보기 드문 나그네새이며, 겨울을 나는 개체도 있어요. 🔴 약 16cm 🔵 씨, 곤충 🟠 북반구

🔴 가와카미 박사의 포인트!
긴발톱멧새과는 총 6종의 새가 있는 작은 그룹이에요. 이들은 한때 멧새과에 속한다고 여겨졌죠. 초원에 서식하며 지상을 걸어 다니면서 식물의 씨를 찾아 먹어요. 거대한 무리를 짓고, 남쪽으로 이동해서 월동하는 종도 많아요.

밤색긴발톱멧새
(Calcarius ornatus)
여름에는 캐나다 중앙부에 있는 광대한 초원인 '프레리'에서 번식해요. 겨울이 오면 아메리카 남부와 멕시코에서 월동해요. 🔴 13.5~16.5cm 🔵 씨, 곤충 🟠 캐나다 중앙부(번식지), 아메리카 남부, 멕시코(월동지)

맥코운긴발톱멧새
밤색긴발톱멧새처럼, 캐나다 중앙부 대초원인 프레리에 서식해요. 수컷은 날면서 지저귀어 암컷에게 구애해요. 🔴 14~16cm 🔵 씨, 곤충 🟠 캐나다 중앙부(번식지), 북아메리카 남부, 멕시코(월동지)

▼흰멧새 무리.

흰멧새 🇰🇷
북극권에서 번식하고, 북반구 중위도 지역에서 월동해요. 한국에는 드물게 월동하러 와요. 🔴 14~18cm 🔵 씨, 곤충 🟠 북반구

참새목
멧새과

🔴 **가와카미 박사의 포인트!** 수컷이 아주 아름답게 지저귀는 종이 많은 멧새과예요! 초원, 숲속의 트인 장소 등에서 서식하며 식물의 씨를 주로 먹어요. 참새 같은 수수한 색을 띠는 종이 많은 게 특징이에요. 이는 광활한 환경에서도 적이 발견하기 어렵게 하기 위해서라고 여겨져요.

무당새 🇰🇷
전 세계에서 일본 아오모리현부터 효고현에 걸쳐서만 드문드문 번식지가 있는 새예요. 한국에서는 드물게 섬을 지나가는 나그네새예요.
- 약 14cm
- 씨, 곤충
- 일본(번식지), 대만, 필리핀(월동지)

섬촉새 🇰🇷
한국에서는 드물게 남부 지방을 지나가는 나그네새예요. 주로 산속 숲에서 번식하며, 겨울에는 평지의 잡목림에 있어요.
- 약 16cm
- 씨, 곤충
- 동아시아, 극동 러시아

쇠검은머리쑥새 🇰🇷
개체 수가 적어요. 일본, 중국 동북부에서만 번식해요. 한국에서는 드문 겨울새이자 나그네새예요.
- 약 15cm
- 씨, 곤충
- 한국, 일본, 중국

검은머리쑥새 🇰🇷
주로 습한 초원에서 번식하며, 겨울에는 갈대밭에서 월동해요. 갈대의 줄기 속에 있는 곤충을 잡아먹어요. 한국에서는 드문 겨울새이자 나그네새예요.
- 약 16cm
- 씨, 곤충
- 한국, 일본, 유라시아 대륙, 아프리카 북부

🔴 몸길이 🔵 먹이 🟠 분포 🇰🇷 한국에서 볼 수 있음

아하! 가와카미 박사의 심층 칼럼 ⑮

멸종한 새

멸종이란, 지구상에서 한 종의 생물이 모습을 감추는 것을 말해요. 멸종의 원인은 화산 폭발, 병, 포식자나 경쟁 상대의 침입 등으로 다양하지만, 1600년 이후로는 남획, 서식지 파괴, 다른 지역으로부터의 생물 유입 등 사람에 의한 것이 대부분이에요. 1600년경부터 400년이 흐르는 동안, 전 세계의 새 중 약 130종이 멸종했다고 여겨져요. 특히 섬에 서식했던 종이 많이 멸종했는데, 원래 수가 적었거나 천적이 없었던 경우 등이 치명적이었어요. 그리고 안타깝게도 지구상의 수많은 새가 지금도 멸종 위기에 처해 있어요.

사람에게 멸종당한 새

자이언트모아는 사람 때문에 멸종했다고 여겨져요. 자이언트모아가 있던 뉴질랜드에는 10세기 후반에 마오리족이 찾아왔어요. 이들이 모아 무리를 사냥했고 멸종으로 이어졌죠. 특히 자이언트모아의 거대한 알은 인간에게 알맞은 먹거리였어요. 알을 뺏김으로써 이 거대 조류의 수가 급속하게 줄고 멸종해 간 거예요. 1700년대 후반 무렵까지 모아 무리는 전부 사라졌다고 해요.

침입자에게 희생된 새

도도새는 마다가스카르섬 동쪽의 마스카렌 제도에 분포했던 비둘기에 가까운 종이에요. 몸무게는 10kg 이상에 달했다고 하죠. 도도새와 로드리게스솔리테어 두 종이 있었지만, 1640년경에는 거의 보이지 않게 됐어요. 날지 못했기 때문에 섬에 온 뱃사람들의 식량으로 대량 포획되었거나, 인간이 방생한 동물의 영향 등으로 멸종했다고 생각돼요.

▲고생물 학자이며 도도새 연구자인 줄리언 흄의 일러스트.

연구자에게 멸종당한 새

큰바다쇠오리는 북대서양에 서식했던 바닷새예요. 몸길이 75cm, 몸무게는 5kg 정도에 달한 대형 새로, 날개는 작아서 날지 못했어요. 16세기에는 개체 수가 수백만 마리에 달했던 것 같지만, 식용 또는 깃털과 기름을 얻기 위해서 성조는 물론 새끼와 알도 대량으로 남획됐어요. 19세기가 시작될 무렵에는 대부분의 번식지가 사라지고 말았죠. 게다가 이 새가 희귀해지자 세계 각지의 박물관이 표본을 손에 넣으려고 한 탓에, 표본 채집가가 마지막 한 마리까지 포획해서 완전히 멸종하고 말았어요.

◀원래 '펭귄' 이라고 불린 새는 큰바다쇠오리였어요. 남극의 펭귄은 이 새와 닮아서 펭귄이라고 불리게 됐어요.

일본의 멸종한 새는 대부분 섬의 새

일본에서 멸종한 새 15종 중에서 14종은 오가사와라, 오키나와 등의 섬에 살던 새예요. 서식하던 숲이 농작지로 바뀌거나, 쥐가 인간의 짐에 섞여 유입된 일 등에 의해 모습을 감추고 만 것이 아닐까 생각돼요. 쥐는 새의 알뿐만 아니라 때로는 새끼 등도 먹으므로, 새에게 있어 무서운 적이에요.

▶지빠귀과의 오가사와라지빠귀는 1828년에 네 마리 채집된 기록과 1885년, 우에노 동물원에서의 사육 기록만이 남아 있어요.

◀오가사와라밀화부리는 되새과의 새예요. 1828년 이후로 확실한 기록이 남아 있지 않아요.

생태 환경 파괴에 의한 멸종

캐롤라이나앵무는 북아메리카에 서식했던 앵무로, 여행비둘기 다음으로 개체 수가 많았다고 해요. 그러나 1918년에 동물원에서 사육됐던 마지막 앵무인 '잉카'가 사망한 후 멸종됐어요. 멸종의 원인은 과수원에 해를 끼쳐 구제했기 때문에, 모자 장식용으로 깃털을 노리고 사냥했기 때문에 등 다양해요. 하지만 그것만으로 멸종할 만큼 수가 줄었다고는 생각하기 어렵고, 캐롤라이나앵무가 서식하던 습지의 삼림이 농경지로 개발되고 만 것이 큰 원인으로 여겨져요.

▲미국의 박물관에 전시된 캐롤라이나앵무 박제.

전 세계에 가장 많이 있었던 새의 멸종

여행비둘기는 북아메리카에 서식했던 몸길이 40cm가량의 비둘기로, 전 세계에서 가장 많았던 새라고 해요. 개체 수는 약 50억 마리였다고 하며, 이동하는 무리는 3일간 끊이지 않을 정도로 많이 모였다는 기록이 있어요. 그렇게나 많았던 여행비둘기지만, 인간이 깃털을 얻거나 식량으로 삼기 위해 총과 그물로 대규모 포획을 하기 시작하자 점점 수가 줄어들었죠. 끝내 1914년에 미국 동물원에서 길렀던 마지막 한 마리가 사망하며 완전히 멸종됐어요.

잡종이 생겨 멸종한 새

아티틀란논병아리는 날지 못하는 물새로, 예전에 중앙아메리카 과테말라에 있는 아틀란호에 서식했어요. 1966년 조사 당시에는 80마리밖에 없었으며, 수가 줄어든 원인은 호수가 리조트로 개발되고 블랙배스를 방생한 영향에 의한 것이었어요. 그 후에 보호 활동으로 한동안 개체 수가 늘었지만, 1983년에는 32마리로 줄었고, 근연종인 얼룩부리논병아리가 침입해 잡종이 되고 말아서 결국 1987년에 멸종했어요.

▲블랙배스는 아티틀란논병아리의 새끼나 먹잇감인 물고기를 잡아먹어서 큰 피해를 주었어요.

▲미국 신시내티 동물원에서 사육됐던 마지막 여행비둘기. 이름은 '마사'라고 불렸어요.

장식용으로 희생된 새

뉴질랜드에 서식했던 후이아는 암수의 부리 모양이 다른 독특한 새였어요. 하지만 1907년에 세 마리가 목격된 것을 마지막으로 멸종되었죠. 멸종 원인은 서식 환경의 파괴, 육식 동물의 방생에 더해 깃털을 모자에 장식하기 위해 남획했기 때문이었어요. 또, 하와이에 살던 하와이오오도 마찬가지로 장식용으로 포획되어, 장식 때문에 희생됐다고 해요.

▲후이아는 부리가 짧은 쪽이 수컷이에요.

멸종한 종이 많은 뜸부기류

뜸부기류는 1600년 이후로 33종이 멸종되었어요. 대부분은 섬에 서식하던 날 수 없는 종뿐이었죠. 그중에서도 웨이크뜸부기는 북태평양 웨이크섬에 살던 새였지만, 제2차 세계 대전 중에 일본군이 식량으로 삼았거나, 전쟁으로 서식지가 파괴당해 멸종했어요. 괌섬에 살던 괌뜸부기는 섬에 유입된 뱀에 의해 1987년경 야생에서 멸종했지만, 사육하던 새가 살아 있어서 개체 수를 늘리는 노력이 이어지고 있어요.

▲날지 못하는 새인 괌뜸부기.

재발견된 새

한번 멸종되었다고 여겨졌던 새가 재발견되는 사례가 있어요. 예를 들어 뉴질랜드에 서식하는 날지 못하는 대형 뜸부기류인 타카헤는 1930년대에 멸종했다고 생각됐지만, 1948년에 재발견되었어요. 일본의 알바트로스도 한때 멸종이 선언됐지만, 도리시마에서 재발견되었어요. 최근에는 세계적으로 귀중한 바닷새이자 멸종이 우려되고 있던 브라이언슴새가 2015년에 오가사와라 제도 히가시섬에서 발견됐어요.

▲재발견된 타카헤.

▲2015년에 재발견된 브라이언슴새.

가와카미 박사의 특별 리포트

니시노섬의 생태계는 바닷새가 만든다?!

생태계가 한번 백지화될 만큼 큰 재해 후, '어떻게 생태계가 시작되려 할 것인가?'.
가와카미 박사가 일본 니시노섬에서 목격한 '0부터 시작되는 생태계'를 특별 리포트!

○ 특별 리포트 니시노섬의 생태계는 바닷새가 만든다?!

2021년 니시노섬의 전경.

🌊 바다 중앙의 새로운 대지

오가사와라 제도의 니시노섬은 옆에 있는 섬과 130km나 떨어진 고립된 섬이에요. 이곳에는 2013년부터 2021년까지 몇 번이나 분화가 발생해서, 흘러나온 용암과 화산재로 새로운 대지가 탄생했어요. 바로 바다 중앙에 새로운 섬이 생겼다는 뜻이죠. 하와이나 갈라파고스 같은 절해의 고도에 어떻게 생물이 정착하고 새로운 생태계가 생기는지는 생물학의 큰 수수께끼 중 하나예요. 니시노섬은 그 수수께끼를 풀 열쇠가 돼 줄 거예요.

2021년의 니시노섬 분화구.

◀ 일본 도쿄에서 남쪽으로 약 930km 떨어진 곳에 있는 니시노섬. 2013년부터 시작된 대규모 분화로 인해, 원래 있었던 구 니시노섬을 전부 집어삼키는 형태로 섬이 확대됐어요.

🌊 분화의 영향

분화 전의 니시노섬에는 바닷새 8종이 번식하고, 식물 6종이 자라고 있었어요. 하지만 2015년까지 일어난 분화로 인해 니시노섬의 대지 9할 이상이 용암에 덮여 버렸죠. 2016년에는 상륙 조사가 진행되었는데, 그때 식물은 3종밖에 없었어요. 그리고 바닷새의 번식은 조금 남아 있는 구 니시노섬의 대지 주변에 한정되어, 개체 수도 아주 적게 돼 버렸어요.

🌊 바닷새의 재빠른 회복

2019년에는 환경성이 재차 상륙 조사를 진행했어요. 여전히 식물은 3종밖에 없었지만, 그곳에는 30종이나 되는 곤충이 살아남아 있었어요. 또 군함조 등의 바닷새 5종의 번식이 확인되어, 새로운 용암 위 같은 곳에도 분포를 넓히고 있었어요. 새로운 환경에 재빠르게 적응하고 이용하기 시작한 거예요.

2016년, 상륙 조사 당시 구 니시노섬의 대지. 찍혀 있는 식물은 왕바랭이예요.

◀ 쐐기꼬리슴새 새끼.

▼ 번식 중인 푸른얼굴얼가니새.

새로운 섬의 탄생

화산 활동은 한번 잦아든 것처럼 보였지만 이후에 또 활발해졌어요. 2020년에는 대량의 화산재가 분출됐고, 장소에 따라서는 화산재가 5m나 쌓여서 섬 전체가 가득 메워져 버렸죠. 식물과 곤충은 모습을 감추고 구 니시노섬의 대지가 전혀 남아 있지 않은, 완전히 새로운 섬이 되었어요.

화산재에 파묻힌 니시노섬.

생태학적 덫

울퉁불퉁한 용암이 많았던 2019년에 비하면, 화산재에 덮인 지면은 평평해요. 그래서 바닷새가 둥지를 짓기 쉬워졌죠. 하지만 아무래도 번식에 실패하고 있는 개체가 많은 모양이에요. 집을 지을 장소가 증기로 고온 상태가 돼 있거나, 이류(泥流) 때문에 둥지가 물에 잠기거나 하는 것이 원인이에요. 지형적으로는 둥지를 만들기 쉬운데, 둥지를 만들면 실패하고 마는 '자연적으로 형성된 함정=생태학적 덫(Ecological trap)'이 돼 있을 가능성이 있어요.

열 적외선 영상으로 촬영하면 골짜기 속 일부가 고온 상태임을 알 수 있어요.

바닷새의 역할

2021년에 환경성이 조사한 결과, 대규모 분화로부터 일 년 되지 않은 기간 동안 바닷새 5종이 번식을 재개한 사실이 확인됐어요. 바닷새는 바다에서 물고기 등을 먹으므로 생물이 없는 새로운 육지에서도 번식할 수 있어요. 이들은 깃털에 식물의 씨를 붙여 옮기고, 배설물에는 식물의 영양이 되는 질소나 인이 포함돼 있죠. 바닷새의 사체는 곤충 등의 먹이가 돼요. 향후 바닷새 덕분에 섬에 생물이 정착하기 쉬워질 것으로 기대돼요.

해안가에서 알을 품는 검정제비갈매기.

▲화산재에 덮인 대지에 번식하기 위해 모인 군함조.

니시노섬의 미래

바닷새는 번식에 계속 실패하면 섬에서 사라져 버릴 수도 있어요. 한편 궁리한 끝에 잘 번식하기 시작할 가능성도 있죠. 물론, 또다시 분화해서 모든 것이 백지로 돌아가 버려도 이상하지 않아요. 향후 어떻게 바뀔지는 아직 아무도 모르지만, 언젠가는 반드시 섬 밖에서 많은 생물이 찾아오고 새로운 생태계가 완성돼요. 아무도 본 적 없는 변화를 부디 지켜보도록 해요.

2023년 6월 중순의 니시노섬. (해상보안청 촬영)

※2016년의 조사는 신세이마루(해양연구개발기구) 공동 이용 항해 KS-16-16, 2019년, 2021년의 조사는 니시노섬 총합 학술 조사 사업(환경성)에 의한 것입니다.

색인

이 도감에 등장하는 새나 키워드를 가나다순으로 정리했습니다.

가

가금	24, 36
가다랭이잡이과	106, 107
가다랭이잡이목	106-109
가마우지 낚시	109
가마우지과(가다랭이잡이목)	109
가면올빼미과(올빼미목)	136
가시올빼미	139
가창오리	25
갈까마귀	170
갈대밭	181
갈라파고스가마우지	109
갈라파고스펭귄	91
갈매기	81
갈매기과(갈매기류)(도요목)	80, 81
갈매기과(제비갈매기류)(도요목)	78, 79
갈매기류→갈매기과	80, 81
갈색머리동고비	149
갈색사다새	121
갈색양진이	210
갈색얼가니새	107, 219
갈색제비	181
개개비	51, 185
개개비과(참새목)	185
개개비사촌	187
개개비사촌과(참새목)	187
개구리매	128
개구리입쏙독새	42
개꿩	66
개똥지빠귀	194
개리	21
개미잡이	110, 153
거문고새과(참새목)	165
검독수리	130
검둥오리	28
검은가슴물떼새	66, 77, 110
검은뇌조	35
검은눈썹알바트로스	76, 96
검은다리카리아마	155
검은댕기해오라기	115
검은등지갈새	43
검은등제비갈매기	78
검은등할미새	207
검은딱새	197
검은머리물떼새	65
검은머리물떼새과(도요목)	65
검은머리방울새	209
검은머리쑥새	212
검은머리촉새	213
검은머리흰죽지	27
검은멧새	213
검은목고니	23
검은목논병아리	61
검은목두루미	48, 59, 159
검은바다제비	98
검은바람까마귀	169
검은발알바트로스	97
검은부리아비	88, 89
검은슴새	101
검은얼굴참새	202
검은이마직박구리	180
검은지빠귀	194
검은집게제비갈매기	79, 후면지
검정제비갈매기	79, 219
겨울 깃	80, 89
겨울새	103
고니	23, 39
고니류→오리과	20, 21
고니류→오리과	22, 23
고방오리	25, 102
고산도요타조	19
고유종	135
곤줄박이	178
공자새	11
공포새	10, 11, 155
공포새과	11
관머리부채머리	45
관수리	131
관앵무과(앵무목)	160, 161
곰뜸부기	217
괭이갈매기	81
구관조	191
군함조과(가다랭이잡이목)	106, 107
굴뚝새	189
굴뚝새과(참새목)	189
귀뿔논병아리	61
귀제비	182
그리폰독수리	133
극락조과(참새목)	176, 177
근위	30, 31
글로시아이비스	113
기러기목	20-29
기름쏙독새	41, 48
기름쏙독새과	41
기름쏙독새목	41
긴꼬리과부새	204
긴꼬리도둑갈매기	82
긴꼬리딱새	169
긴꼬리딱새과(참새목)	169
긴꼬리올빼미	139
긴꼬리제비갈매기	79
긴발톱멧새	211
긴발톱멧새과(참새목)	211
긴발톱할미새	206
긴점박이올빼미	38, 137
깃대	38
깃발쑥독새	40
깃털갈이(환우)	39
깃판	38
까마귀과(참새목)	170-173
까막딱따구리	154
까치	173
깝작도요	73
깍도요	75
꼬까도요	70
꼬리비녀극락조	177
꼬마물떼새	67, 110
꼬마홍학	62, 174
꽁지깃	26, 30, 38
꿀벌벌새	44, 77
꿩	111, 135, 192
꿩과(꿩류)(닭목)	36, 37
꿩과(뇌조류)(닭목)	34, 35
꿩류→꿩과	36, 37

나

나그네새	103
나그네알바트로스	97
나리나비단날개새	141
나마쿠아사막꿩	53
나무발바리	190
나무발바리과(참새목)	190
나팔새	57
나팔새과(두루미목)	57
난쟁이올빼미	174
남미수리	132
남방큰풀마갈매기	174
남부땅코뿔새	142
남부바다제비과(슴새목)	99
남부바위뛰기펭귄	90
남아프리카베짜는새	204
낫큰부리때까치	167
넓은부리쑥독새과	42
넓은부리쑥독새목	42
넓적꼬리도둑갈매기	82
넓적부리	26
넓적부리도요	71
넓적부리황새	118, 119
넓적부리황새과(사다새목)	118, 119
노랑딱새	198
노랑때까치	168
노랑발도요	72
노랑부리저어새	112, 후면지
노랑턱멧새	213
노랑할미새	207
녹색비둘기	55
논병아리	61
논병아리과	60, 61
논병아리목	60, 61
뇌조	34
뇌조류→꿩과	34, 35
뉴기니앵무	163
뉴질랜드물떼새	67
뉴질랜드앵무과(앵무목)	160
뉴칼레도니아까마귀	148, 172, 173
느시	46
느시과	46, 47
느시목	46, 47
느시사촌과	155
느시사촌목	155

다

다윈레아	15
단추메추라기	64
달마시안사다새	121
닭	76, 85, 158
닭목	32-37
담황목걸이쏙독새	40
대백로	117
대서양노란코알바트로스	97
댕기물떼새	67
댕기바다오리	84
댕기흰죽지	26, 27
덤불해오라기	114
도가머리	30, 160
도도새	215
도둑갈매기과(도요목)	82
도요과	70-75
도요목	64-75, 78-84
도요타조과	19
도요타조목	16, 19
도토리딱따구리	152

돌물떼새······································64
돌물떼새과(도요목)·······················64
동고비···190
동고비과(참새목)··························190
동박새··································187, 193
동박새과(참새목)··························187
동부황금베짜는새························204
되새···208
되새과(참새목)·······208-210, 213, 216
두건피토휘·····························85, 169
두견······································51, 전면지
두견과····································50, 51
두견목····································50, 51
두루미··58
두루미과································58, 59
두루미목·································56-59
뒷부리도요····································73
뒷부리장다리물떼새·················65, 94
들꿩··35
들칠면조·······································37
디스플레이·····················39, 110, 111
따오기·································113, 전면지
딱따구리과·····························152-154
딱따구리목····························150-154
딱따구리핀치······························148
딱새···197
땅코뿔새과(코뿔새목)···················142
때까치···168
때까치과(참새목)··························168
때까치딱새과(침새목)····················160
떼까마귀······································171
떼베짜는새···································203
뜸부기과(두루미목)·················56, 57

라

라기아나극락조····························176
레아··15
레아과··15
레아목····································15, 16
레이산알바트로스·················97, 111
류큐소쩍새··································139
류큐울새·····································196
리볼리벌새····································77
릭턴스타인사막꿩·························52

마

마도요··73
말똥가리·····································128
망치머리황새······························118
망치머리황새과(사다새목)···········118
매·······················13, 94, 156, 157, 159
매과·····································156, 157
매목·····································156, 157
매사촌··50

매커우··································48, 162
맥코운긴발톱멧새························211
머스코비오리·······························26
먹황새···105
멋쟁이새·····································210
메구로···187
메사이트과····································52
메사이트목····································52
메이저미첼유황앵무····················161
메추라기··36
메추라기도요································70
멧도요···································49, 74
멧비둘기·······································54
멧새······································51, 213
멧새과(참새목)······················212, 213
며느리발톱····································85
면우··38
목도리뇌조····································35
목도리앵무과(앵무목)··················163
무당새···212
무덤새과(닭목)·······················32, 33
무지개벌잡이새····························147
무지개왕부리새···························150
무희새과(참새목)·················164, 165
물결무늬도요타조··························19
물까마귀·····································200
물까마귀과(참새목)·····················200
물까치···································51, 173
물까치라켓벌새····························44
물꿩···69
물꿩과(도요목)······························69
물닭··57
물떼새과(도요목)····················66-68
물수리···125
물수리과(수리목)·························125
물총새···145
물총새과(파랑새목)·············145, 146
미크로랍토르································10
민댕기물떼새································67
민물가마우지······························109
민물도요······································70
밀화부리······································209

바

바늘꼬리사막꿩····························53
바늘꼬리칼새································43
바다가마우지······························109
바다꿩··28
바다비오리····································29
바다오리································76, 84
바다오리과(도요목)················83, 84
바다제비과(슴새목)··················98, 99
바다직박구리······························197
바람까마귀과(참새목)···················169

바우어새과(참새목)······················166
바위비둘기·····················31, 39, 55
바위종다리··································205
바위종다리과(참새목)··················205
박새·······························76, 103, 178
박새과(참새목)······················178, 179
반면우···38
밤색귀아라카리···························151
밤색긴발톱멧새····························211
방망이날개무희새························165
방울깃작은느시······························47
방울새···209
밭종다리······································207
백할미새·······················94, 123, 207
뱀눈새···86
뱀눈새과··86
뱀눈새목·······································86
뱀목가마우지······························108
뱀목가마우지과(가다랭이잡이목)···108
뱀잡이수리··································125
뱀잡이수리과(수리목)··················125
버첼사막꿩····································53
번식지···102
벌꿀길잡이새과(딱따구리목)········151
벌매···128
벌새(칼새목)·································44
벌잡이새과(파랑새목)··················147
벙어리뻐꾸기································51
베짜는새과(참새목)··············203, 204
벤슈메사이트································52
보겔콥바우어새···························166
보라부채머리································45
보랏빛두꼬리벌새··························44
부엉이쏙독새과······························42
부엉이쏙독새목······························42
부채머리과····································45
부채머리목····································45
북방가넷·····································107
북방쇠박새··································179
북방올빼미·····························49, 137
북방폴머갈매기···························101
분면우···39
분홍사다새····················120, 후면지
붉은가슴기러기······························20
붉은가슴벌새································39
붉은가슴울새······························196
붉은관상모솔새···························189
붉은깃도요타조······························19
붉은꼬리열대새······························87
붉은꽁지쇠왕부리·······················151
붉은다리카리아마·······················155
붉은발도요···································72
붉은발얼가니새···························106
붉은배지빠귀·····························195

붉은벌잡이새·······························147
붉은부리갈매기·····························80
붉은부리열대새······························87
붉은뺨멧새··································213
붉은왜가리··································117
붉은코뿔새··································143
붉은해오라기······························115
붉은허리개개비···························186
붉은허벅지콩새매························157
브라운스큐어·································82
브라이언슴새······················101, 217
블래키스톤물고기잡이부엉이······138
블랙냅트턴····································79
블랙헤론······································116
비단날개새과······························141
비단날개새목······························141
비둘기과·································54, 55
비둘기목·································54, 55
비오리···29
빅토리아극락조···························176
뻐꾸기···51
뻐꾸기파랑새······························140
뻐꾸기파랑새과···························140
뻐꾸기파랑새목···························140
뿔까마귀·····································170
뿔논병아리·····························60, 111
뿔도요타조····································19
뿔매···131
뿔쇠오리·······································83
뿔호반새······································146
삑삑도요·······································72

사

사낭(모래주머니)····························30
사다새과·······························120-121
사다새목·································112-121
사랑앵무·····································163
사막꿩···53
사막꿩과·································52, 53
사막꿩목·································52, 53
사할린되솔새·······························184
산솔새···184
상모솔새······························174, 188
상모솔새과(참새목)·············188, 189
상미통····································30, 141
상사조·································188, 193
상사조과(참새목)·························188
새매···127
새틴바우어새······························166
새홀리기······································157
선위······································30, 31
선인장굴뚝새······························189
섬개개비과(참새목)······················186
섬참새···202

섬촉새 212	슴새 101	열대붉은해오라기 115	이지마솔새 184
세가락갈매기 81	슴새과 100, 101	열대과 87	이집트대머리수리 132, 149
세가락도요 71	슴새목 96–101	열대목 87	익경 25
세가락딱따구리 154	시노사우롭테릭스 10	염주비둘기 54	익룡 10
세가락메추라기과(도요목) 64	시조새 11	오가사와라밀화부리 216	인도공작 37, 111, 193
센카쿠알바트로스 97	쏙독새 40	오가사와라방울새 135	인수 공통 감염증 159
셀레베스메거포우드 33	쏙독새과 40	오가사와라솔새 100	일본꿩 37, 135
소낭 30, 55	쏙독새목 40	오가사와라지빠귀 216	일본솔새 184
소말리아타조 14	쐐기꼬리슴새 101, 218	오리과(고니류)(기러기목) 22, 23	일본청딱따구리 153
소쩍새 144	쑥새 213	오리과(기러기류)(기러기목) 20, 21	
솔개 31, 127		오리과(오리류)(기러기목) 24–29	**자**
솔딱새 199	**아**	오리류→오리과 24–29	자이언트모아 214
솔딱새과(참새목) 196–199	아델리펭귄 92	오목눈이 134, 183	자이언트벌새 44
솔부엉이 137	아마미어치 172	오목눈이과(참새목) 183	자카스펭귄 93
솔새과(참새목) 184	아마미우드콕 74	오색딱따구리 153, 175	작은느시 47
솔양진이 210	아메리카군함조 106	오스트레일리아느시 47	작은화식조 18
솔잣새 210, 후면지	아메리카솔새 102	오스트레일리아사다새 120	잣까마귀 173
송장까마귀 77, 170, 173	아메리카흰사다새 95, 120	오키나와딱따구리 153	장다리물떼새 65
쇠가마우지 109	아브딤황새 105	오키나와뜸부기 56	장다리물떼새과(도요목) 65
쇠개개비 185	아비 89	오키나와울새 135	장미목도리앵무 163, 193
쇠검은머리쑥새 212	아비과 88, 89	올빼미과 137–139	장식깃 39, 141, 176, 177
쇠기러기 20, 103	아비목 88, 89	올빼미목 136–139	재갈매기 81, 85
쇠딱따구리 152	아종 134, 135	와이어꼬리마나킨 165	재두루미 58, 59
쇠뜸부기사촌 57	아티틀란논병아리 216	와틀드자카나 69	재봉새 187
쇠물닭 57, 85	아프리카대머리황새 105	왕관앵무 161	잿빛개구리매 128
쇠바위종다리 205	아프리카매 129	왕극락조 177	잿빛부채머리 45
쇠박새 179	아프리카큰느시 46	왕눈물떼새 68	저어새 112
쇠백로 117, 123	아프리카흰등독수리 132, 133	왕부리새과(딱따구리목) 150, 151	저어새과(사다새목) 112, 113
쇠벌잡이새 147	안데스콘도르 124	왕새매 127	적갈색꼬마딱따구리 153
쇠부리슴새 95, 101	안데스홍학 63	왜가리 31, 39, 94, 117	적갈색큰부리때까치 167
쇠부엉이 139	안반 136	왜가리과(사다새목) 114–117	적색야계 37
쇠솔딱새 198	안장부리황새 105	외래종 192, 193	정우 38
쇠솜털오리 27	알락꼬리마도요 74	용골 돌기 31	제비 12, 123, 181
쇠알락키위 16	알락꼬리쥐발귀 186	울음고니 23	제비갈매기 79
쇠오리 25	알락쇠오리 84	울음소리 184	제비갈매기류→갈매기과 78, 79
쇠오색딱따구리 154	알락오리 25	웃는갈매기 80	제비과(참새목) 181, 182
쇠유리새 196	알락해오라기 114	웃음물총새 146	제비꼬리쏙독새 40
쇠재두루미 59	알바트로스 97	원숭이올빼미 136	제비딱새 199
쇠제비갈매기 79	알바트로스과(슴새목) 96, 97	원앙 26, 39, 전면지	제비물떼새 75
쇠찌르레기 191	애나스벌새 44	원헬스 159	제비물떼새과(도요목) 75
쇠칼새 43	앵무과 162	월동지 102	제임스홍학 63
쇠푸른펭귄 92	앵무목 160–163	웨스턴캐퍼케일리 35	젠투펭귄 93
쇠홍방울새 135	앵무병 159	웨스트나일열 159	조롱이 128
쇠황조롱이 156	야자잎검은유황앵무새 160	윌슨극락조 177	조류 인플루엔자 158
수리과 126–133	어깨걸이극락조 176	윌슨바다제비 99	좀도요 71
수리목 124–133	어치 172	유럽나무발바리 190	종다리 180
수리부엉이 138, 전면지	얼룩쥐새 140	유럽바위종다리 205	종다리과(참새목) 180
수염수리 133	에메랄드비둘기 55	유럽벌잡이새 147	주홍허리비단날개새 141
술라웨시주름코뿔새 143	에뮤 18, 77	유럽쏙독새 40	중백로 117
숲새 182	에콰도르산왕부리 151	유럽칼새 12	중부리도요 74
스네어스펭귄 92, 93	엘리엇바다제비 99	유리딱새 197	쥐새과 140
스윈호오목눈이 179	여름 깃 80, 89	이동 102, 103	쥐새목 140
스윈호오목눈이과(참새목) 179	여름새 103	이리오모테곤줄박이 135	지빠귀과(참새목) 194, 195, 216
스페인참새 202	여새과(참새목) 177	이즈미 58, 159	지오로케이터 83, 102
스피키베짜는새 204	여행비둘기 216	이즈지빠귀 195	지저귐 184

직박구리 ···180	큰고니 ···22, 85, 전면지	펭귄목 ···90-93	회색머리아비 ···89
직박구리과(참새목) ···180	큰군함조 ···106, 107	포루스라코스 ···155	회색앵무 ···162
진박새 ···179	큰기러기 ···20	포투과 ···41	후이아 ···217
진홍가슴 ···196	큰깍도요 ···75	포투목 ···41	후투티 ···30, 142
진홍저어새 ···113	큰꿀잡이새 ···151	푸른등무희새 ···164	후투티과(코뿔새목) ···142
집참새 ···174, 202	큰논병아리 ···61	푸른발부비새 ···106	훔볼트펭귄 ···91
찌르레기 ···191	큰덤불해오라기 ···114	푸른얼굴얼가니새 ···107, 218	휘파람녹색비둘기 ···55
찌르레기과(참새목) ···191	큰뒷부리도요 ···73, 103	푸어윌쏙독새 ···40	휘파람새 ···77, 182
	큰로드러너 ···51	풀숲무덤새 ···33	휘파람새과(참새목) ···182
차	큰바다쇠오리 ···215	피셔부채머리 ···45	흉추 ···31
차이니즈뱀부파트리지 ···37, 192	큰바우어새 ···166	피전 밀크 ···55	흑고니 ···23
참매 ···38, 49, 126, 201	큰부리까마귀 ···39, 171		흑기러기 ···20
참새 ···31, 111, 201	큰부리때까치과(참새목) ···167	**하**	흑꼬리도요 ···73
참새과 ···201, 202	큰부리밀화부리 ···209	하르트라우프느시 ···47	흑두루미 ···58, 59, 159
참새목 ···164-173, 176-191, 194-213	큰부엉이쏙독새 ···42	하야신스마코금강앵무 ···162	흑로 ···117
참수리 ···85, 130	큰알락키위 ···16, 49	학도요 ···72	흑비둘기 ···54, 전면지
청다리도요 ···72	큰오색딱다구리 ···152	할미새과(참새목) ···206, 207	흰가슴동고비 ···190
청둥오리 ···24, 26	큰유리새 ···198	할미새사촌 ···167	흰가슴메사이트 ···52
청딱따구리 ···152	큰유황앵무 ···161	할미새사촌과(참새목) ···167	흰가슴물까마귀 ···200
청머리오리 ···25	큰재갈매기 ···81	해리스매 ···127	흰기러기 ···21, 38, 95
청호반새 ···146	큰재개구마리 ···168	해변종다리 ···180	흰꼬리물총새 ···145
총배설강 ···30, 205	큰초원뇌조 ···35	해오라기 ···115	흰꼬리수리 ···131, 159
쥐때까치 ···168	큰코뿔새 ···143	헬퍼 ···147, 183	흰꼬리열대새 ···87
칡부엉이 ···110, 137	큰홍학 ···63	호랑지빠귀 ···194	흰눈썹뜸부기 ···56
	큰화식조 ···17	호반새 ···146	흰눈썹바다오리 ···84
카	큰회색머리아비 ···88	호사도요 ···68	흰눈썹웃음지빠귀 ···188, 193
카구 ···86, 110	큰회색올빼미 ···139	호사도요과(도요목) ···68	흰눈썹지빠귀 ···195
카구과(뱀눈새목) ···86	키위 ···16	호사비오리 ···29	흰머리수리 ···132
카라카라 ···157	키위과 ···16	호아친 ···122	흰머리오목눈이 ···134, 183
카카포 ···160	키위목 ···16	호아친과 ···122	흰머리쥐새 ···140
칼깃 ···38, 39	킹펭귄 ···91	호아친목 ···122	흰멧새 ···211
칼부리벌새 ···44, 후면지		호주부엉이쏙독새 ···42	흰목물떼새 ···67
칼새 ···43	**타**	호주숲칠면조 ···32	흰목벌잡이새 ···147
칼새과 ···43	타조 ···14, 76, 77, 111, 149	혹고니 ···22, 110, 192	흰물떼새 ···68
칼새목 ···43, 44	타조과 ···14	혹부리오리 ···26	흰배뜸부기 ···56
캅카스바위종다리 ···205	타조목 ···14, 16	홍따오기 ···113	흰배솜새 ···101
캐나다기러기 ···192	타카헤 ···217	홍머리오리 ···25	흰배지빠귀 ···195
캐롤라이나앵무 ···216	태평양제비 ···181	홍방울새 ···135, 209	흰비오리 ···29
캘리포니아콘도르 ···49, 124	턱끈펭귄 ···91	홍부리황새 ···104	흰뺨검둥오리 ···25, 39
커먼포투 ···41	텃새 ···103	홍여새 ···177	흰뺨오리 ···28, 111
컬뿔부리새 ···151	토코투칸 ···150, 후면지	홍학과 ···62, 63	흰수염바다오리 ···84
케아앵무 ···13, 160	투구큰부리때까치 ···167	홍학목 ···62, 63	흰올빼미 ···49, 138
케찰 ···141	트리스트럼바다제비 ···99	화식조과 ···17, 18	흰이마기러기 ···21
케클링구스 ···20		화식조목 ···16, 17, 18	흰점찌르레기 ···94, 191
켈렌켄 ···11	**파**	황금머리마나킨 ···165	흰죽지 ···27
코뿔새과 ···143	파란띠팔색조 ···164	황금바우어새 ···166	흰줄박이오리 ···28
코뿔새목 ···142, 143	파란머리코칼 ···51	황금새 ···103, 199	흰턱수염무희새 ···164
코퍼긴꼬리꿩 ···37	파랑새 ···144	황로 ···117, 123	흰털발제비 ···182
콘도르과(수리목) ···124	파랑새과 ···144	황새 ···105	흰허리나팔새 ···57
콜린메추라기 ···193	파랑새목 ···144-147	황새과 ···104, 105	흰허리바다제비 ···99
콩새 ···210	파푸아화식조 ···18	황새목 ···104, 105	힐라딱따구리 ···154
쿠바홍학 ···62, 63, 후면지	판족 ···61	황여새 ···175, 177	힝둥새 ···207
크림컬러드코서 ···75	팔색조 ···164, 전면지	황제가마우지 ···109	
큰개개비 ···186	팔색조과(참새목) ···164	황제펭귄 ···90	
큰거문고새 ···165	펭귄과 ···90-93	황조롱이 ···38, 123, 156	

[감수]
가와카미 가즈토(삼림총합연구소 조수생태연구실장)

[집필]
시바타 요시히데

[지도·협력]
도이 칸다이(삼림총합연구소) : 158, 159

[편집 협력]
시바타 스미레

[P.31 표본]
아비코시 새 박물관

[P.83 도판 자료]
Yamaguchi, N. M. et al. 2016. Seasonal movements of Japanese Murrelets revealed by geolocators. Ornithological Science 15(1) : 47-54.

[P.83 도판 제공]
히구치 히로요시

[일러스트]
미노와 요시타카 : 5, 10, 19, 30, 36, 50, 83, 98, 100, 129, 144, 148, 149, 178, 183, 201, 215, 216 / 가와사키 사토시 : 155 / 가와바타 슈지 : 158, 159 / 츠키모토 카요미 : 11 / 하시즈메 요시히로 : 214 / 야나기사와 히데노리 : 10, 11

[사진·화상]
특별 협력

아프로 : 커버, 6-9, 14-21, 23-30, 32, 33, 35, 37, 39-42, 44-47, 49, 52, 53, 55-59, 61, 63, 64, 66-69, 71-77, 80-82, 84-89, 91, 93, 97, 99, 101-113, 116-125, 127, 128, 130, 132, 133, 135-143, 145-147, 150-155, 157-170, 172, 176, 177, 180, 181, 187, 191, 193, 198, 202, 204, 205, 208, 209, 211, 212, 216, 217, 후면지
아마나 이메지스 : 커버, 1, 7, 10-13, 15, 17-22, 25, 26, 28, 34, 35, 37, 39, 40, 42-51, 53, 55-57, 59-62, 64, 65, 67, 68, 70, 72-79, 81, 84-87, 89-92, 94-97, 99, 101, 103, 105-110, 113, 115-118, 120-123, 125, 128, 131-134, 137-140, 143, 146-149, 151-154, 156, 157, 160, 161, 163-170, 172, 174, 175, 177, 184, 186-193, 195, 196, 199, 200, 202, 203, 206, 208-210, 212, 213, 215-217
Getty Images : 커버, 14, 15, 35, 44-46, 92, 111, 141, 142, 161, 162
PIXTA : 커버, 20-22, 24, 25, 28, 34, 37, 43, 51, 55, 56, 58, 65, 68, 70, 71, 73, 74, 81, 105, 107, 109, 112-114, 127, 134, 135, 140, 141, 144, 146, 156, 157, 164, 172, 173, 179, 180, 182-184, 194-197, 199, 207, 209, 210, 212, 213
Adobe Stock : 111, 135 / iStock : 171 / Jack Dumbacher : 85, 123 / 이시다 코지 : 66, 70, 81, 127, 182, 186, 190, 199, 207 / 이노우에 다이스케 : 28, 54, 74, 103, 147, 175, 179, 181, 185, 191, 198 / 오가와 마사요시 : 37, 173, 175, 192, 194, 195, 213 / 가와카미 가즈토 : 43, 66, 101, 217-219 / 기사이치 가즈야스 : 43, 73, 99, 114, 128, 180, 182 / 사쿠마 후미오 : 82 / 사사키 시게루 : 123 / 시바타 요시히데 : 14, 25, 27, 37-39, 48, 49, 51, 54, 67, 76, 80, 102, 103, 105, 109, 117, 123, 126, 134, 135, 152, 158, 168, 170, 171, 185, 187, 194, 197, 201, 207, 209 / 다카노 죠 : 128, 186, 188, 193 / 다테마쓰 키요히사 : 135 / 니시무라 미사키 : 27, 164, 182 / 니시무라 미쓰마사 : 197, 205 / 니헤이 요시아키 : 173 / 노구치 마사히로 : 51, 72, 73, 137, 139, 167-169, 173, 179, 184, 188, 189, 191, 193, 196, 198, 199, 207, 210, 213 / 반도 도시키 : 54 / 마쓰이 준 : 42, 145 / 미노와 요시타카 : 39 / 미야모토 마사유키 : 20, 23, 75, 79-81, 101, 131, 174, 177, 190, 195, 196, 200, 202, 207, 213 / 야마시나 조류 연구소 : 97 / 와타나베 요시키 : 174

[장정]
기도코로 준+세키구치 신페이(JUN KIDOKORO DESIGN)

[본문 디자인]
아마노 히로카즈, 야마우치 나오, 도이 쇼시(주식회사 DAI-ART PLANNING)

[참고 문헌]
『주간 아사히 백과 동물들의 지구 조류 1, 2』(아사히 신문사)
『조류학』(신수사)
『조류학 사전』(쇼와당)
『일본 동물 대백과 조류 1, 2』(헤이본샤),
『반짝 알아채는 관찰을 즐기기 야생 새 도감』(나쓰메샤)
『포켓 도해 새의 잡학을 잘 알 수 있는 책』(슈와시스템)
『마을, 야산, 물가에서 볼 수 있는 야생 새 도감』(일본문예사)
『일본조류목록 개정 제7판』(일본조류학회)
『HANDBOOK OF THE BIRDS OF THE WORLD Vol.1-15』(Lynx Edicions)
Gill F, D Donsker & P Rasmussen (Eds). 2023. IOC World Bird List (v13.2).
Nature : 526, pages569-573 (2015) 「A comprehensive phylogeny of birds (Aves) using targeted next-generation DNA sequencing」
https://natgeo.nikkeibp.co.jp/atcl/news/17/062600242/?

<KODANSHA no Ugoku Zukan MOVE TORI>
© KODANSHA 2023
All rights reserved.
Original Japanese edition published by KODANSHA LTD.
Korean translation rights arranged with KODANSHA LTD.
through Shinwon Agency Co.

이 책의 한국어판 저작권은 ㈜신원에이전시를 통해 저작권자와 독점 계약한 루덴스미디어㈜에 있습니다.
저작권법에 의하여 한국 내에서 보호를 받는 저작물이므로 무단 전재 및 복제를 금합니다.

[역자] 나정환
고려대학교 생명과학과를 졸업하고 서울대학교에서 뇌과학을 연구하고 있다. 일본 문화에 흥미를 느껴 자연스럽게 일본어를 공부하게 되었고, 우연한 기회를 통해 번역 일을 시작하게 되었다. 번역한 책으로는 『난 억울해요!』, 『난 진짜예요!』, 『깜짝 놀랄 심해 생물 백과』, 『깜짝 놀랄 독 생물 백과』, 『생물의 엄청난 집 도감』, 『깜짝 놀랄 별미 생물 백과』(코믹컴), 『움직이는 도감 MOVE 식물, 위험생물, 인체, 생물의 불가사의』(루덴스미디어) 등이 있다.

■ 루덴스미디어
움직이는 도감
MOVE 새

편저 고단샤
감수 가와카미 가즈토
역자 나정환
찍은날 2024년 6월 5일 초판 1쇄
펴낸날 2024년 6월 20일 초판 1쇄
펴낸이 홍재철
편집 이호경
디자인 장지윤
마케팅 황기철·안소영
펴낸곳 루덴스미디어(주)
주소 경기도 고양시 일산동구 무궁화로 43-55, 604호(성우사카르타워)
홈페이지 http://www.ludensmedia.co.kr
전화 031)912-4292 | **팩스** 031)912-4294
등록 번호 제 396-3210000251002008000001호
등록 일자 2008년 1월 2일

ISBN 979-11-93026-59-5 74400
ISBN 979-11-88406-60-9(세트)

결함이 있는 책은 구입하신 곳에서 바꾸어 드립니다.
값은 뒤표지에 있습니다.

길고 가늘~어!

칼부리벌새
긴 부리는 길고 가는 꽃의 안쪽에 있는 꿀에 닿아요.
≫ P.44

길고 커다래!

토코투칸
가는 나뭇가지 끝에 열린 열매를 긴 부리로 집어서 먹어요.
≫ P.150

집합! 여러 가지

다양한 크기와 다양한 모양.
왜 이런 모습인 걸까요?
전 세계 새들의 각양각색
부리를 살펴봐요!

짜악 열린다고!

분홍사다새
주머니 같은 부리로 물속에 있는 물고기를 건지듯 잡아요.
≫ P.120